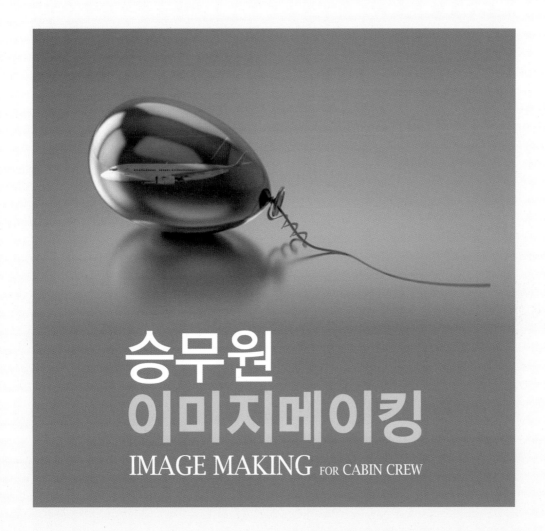

승무원
이미지메이킹
IMAGE MAKING FOR CABIN CREW

IMAGE MAKING
FOR CABIN CREW

머리말

우리나라 항공산업은 그동안 항공자유화, 저비용항공사의 운항확대 및 경쟁력강화, 지방공항의 활성화 추진, 내외국인의 여행수요증가 등의 우호적인 환경 속에 국내 항공역사상 항공여객 연간 1억명 시대를 맞이하였다. 더 치열해진 항공산업 생태계속에서 기존의 풀서비스 항공사를 비롯한 저비용항공사는 더 안전하고 수준 높은 차별화된 서비스로 고객에게 브랜드이미지를 어필하려는 각고의 노력을 하고 있다. 항공사의 전략적 마케팅을 요하는 이질적 성장의 시기에, 최첨단의 기내환경을 갖춘 물리적 시설, 다양하고 편리한 기내시스템과 더불어 우수한 인적자원의 확보가 항공사의 사활을 가르는 매우 중요한 요소로 더 부각되고 있다.

항공사 서비스품질을 전달하는 중요 요소는 많지만, 항공사 객실승무원이 전달하는 인적서비스 품질의 중요성이 고객에게 그 무엇보다 중요한 부분을 차지한다는 데에는 이견이 없을 것이다. 항공사 인적 서비스품질은 정확하고 신속하게 서비스를 전달하려는 태도, 친절하고 열린 마음의 자세, 단정하고 세련된 이미지의 표현 등으로 구성될 것이며 이는 곧 개개인의 이미지 메이킹을 만들어내고 그가 속한 항공사의 객실승무원으로서 항공사이미지를 전달하게 되는 것이다. 항공사의 브랜드 이미지가 각 항공사가 지향하는 방향으로 고객에게 효과적으로 어필되어야 한다는 점에서 고객과의 접점의 시간이 가장 많은 승무원의 이미지에 항공사가 많은 고심을 하며 실제로 채용 부분에서도 많은 노력을 기울이고 있다는 것은 모두가 인식하고 있는 부분일 것이다.

따라서, 본 서는 최근 항공사의 서비스 품질 중 매우 중요한 요소로 자리 잡고 있는 항공 객실 승무원의 역할을 인식하고 항공사 승무원의 이미지 메이킹 요소를 이해하여 항공사가 추구하는 적합한 객실 승무

원의 이미지를 연출하는 것을 목표로 하고 있다. 승무원의 이미지 구성은 표정, 자세, 언어표현, 용모 및 복장 등 여러 요소가 있으며, 이 모든 요소의 효과적인 조합을 통해 개인의 브랜드 이미지가 형성된다는 것을 인식할 수 있도록 다양한 부분을 다루고 있다. 가장 중요한 부분인 철저한 자기 분석을 통해 자신의 강점을 강화시키고 약점을 보완하여 지속적인 이미지 개발을 해낼 수 있도록 초점을 맞추었다. 또한 메이크업에 대해 보다 중점적으로 학습하고 실습을 통해 승무원에 알맞은 메이크업을 이해하고 본인에게 어울리는 이미지를 스스로 찾아나갈 수 있도록 많은 부분을 다루고 있다. 저비용항공사의 성장으로 항공사가 증가함에 따라 각 항공사의 승무원채용과정의 차이점과 각 항공사 유니폼 이미지를 한 눈에 비교할 수 있도록 본 개정판에 첨부하였으니 참고가 되길 바란다.

승무원의 직무 환경을 자세히 이해하고 유니폼을 입고 항공사의 이미지를 대표하는 승무원으로서의 자기관리 능력의 중요성을 항상 되새기며 평소의 자세, 언행에 있어 승무원으로서의 이미지를 갖추어 각 항공사가 추구하는 밝고 건강하며 친근한 이미지에 부합되게 자질을 함양한다면 항공사 취업의 문은 가까이 있을 것이다. 물리적, 시스템적 요소의 차이가 점점 좁혀지는 현 시대에, 항공사경쟁력은 우수 인적 자원의 확보에 있음을 다시 한 번 이해하고 공통적으로 항공사가 원하는 승무원의 기본 자질의 배양과 나아가 풀서비스 항공사와 실용저가항공사가 추구하는 좀 더 차별화된 승무원의 이미지 상을 인식하고, 본인의 이미지 분석을 통해 경쟁력 요소를 찾아나간다면 더 자신 있게 자신을 표현할 수 있을 것이라 생각된다.

이 책이 출판되기까지 많은 도움을 준 동서울대 항공서비스과, 경복대 항공서비스과 재학생들 및 한올출판사 대표님, 편집부 일동에게 감사의 말을 다시 한 번 전하며, 항공사 승무원으로서의 꿈을 가진 학생들에게 이 책이 개인의 이미지를 형성하고 나아가 항공사의 이미지를 대표하는 승무원으로서의 꿈을 이룰 수 있도록 많은 도움이 되기를 바란다.

저 자

차 례

Chapter 01 이미지_2

IMAGE MAKING
FOR CABIN CREW

Chapter 02 퍼스널 브랜드_18

CONTENTS

Chapter 03 첫인상과 표정 이미지_30

Chapter 04 자 세_48

IMAGE MAKING
FOR CABIN CREW

차 례

IMAGE MAKING
FOR CABIN CREW

차 례

IMAGE MAKING FOR CABIN CREW

이미지

이미지의 개념

이미지Image는 마음속에 그려지는 상, 즉 심상 등을 의미하며, 그 중에서도 개인에 대한 이미지는 특정 개인에 대해서만 가진 독특하고 고유한 느낌이다. 즉, 어떤 대상과 관련된 경험에서 생기는 것으로서, 개개인의 인지를 통해서 개념화되고 형상화되어 각인되는 것이다.

이미지는 실체 자체가 아니라 실체에 대해 지각한 것이며, 객체 그대로가 아니라 주체가 수용한 모습으로 순전히 주관적이다. 지각하거나 인식하는 것도 과거 경험이나 기존의 정보, 태도나 신념 등을 근거로 그것에 가장 유사한 것에 근접시켜 하는 것이므로, 기존 경험이나 정보에 따라 동일한 실체에 대해 상이한 이미지를 형성할 가능성도 충분히 있다.

이미지는 내적 이미지와 외적 이미지로 나눌 수 있는데, 내적 이미지는 한 사람의 내면을 일컬으며 이를 통하여 그 사람의 인간미를 가늠할 수 있고, 외적 이미지는 우리가 다른 사람을 인지할 때 사용되는 단서로써 신체적 특성, 체격, 얼굴의 인상, 옷, 화장, 머리모양, 액세서리 등을 포함한다.

미국의 심리학자 Gordon Alport는 「대인 지각론」에서 사람들은 익숙하지 않은 상대를 만났을 경우 30초 안에 그 사람의 성별과 나이, 신장키, 체구, 직업 등의 외적 이미지를 통해 그 사람의 성격이나 인성과 같은 내적인 것까지 평가 할 수 있다고 하였다.

이미지는 항공사에 있어서도 아주 중요한 요소이다. 그렇기 때문에 각 항공사들은 고급스럽고 특별한 이미지 창출을 통해 경쟁 우위를 차지하기 위해 노력하고 있다.

항공사 객실 승무원 이미지의 중요성

항공사 여승무원의 업무는 안전 업무와 서비스 업무로 나눌 수 있다. 오늘날 객실서비스는 승객들이 항공사를 결정하는 데 있어서 우선적으로 고려하는 요인 중 하나가 되고 있다. 또한 생활수준 향상에 따라 승객의 요구가 다양화되고 높아질수록 객실서비스 질도 높아지고 있다. 지난날의 기내서비스가 물적인 서비스에 치중하였다면 최근에는 인간적인 부분의 서비스를 요구하는 인적 서비스가 점차 강화되고 있다. 이는 까다롭고 다양한 고객들의 눈높이에 맞추어 항공사 승무원이 제공하는 인적서비스품질이 서비스 품질의 핵심이 되고 있다는 것이다. 고객과 최접점에서 서비스하는 승무원에게 외적 이미지는 인적 서비스 중 매우 중요한 요소이다. 고객들은 객실승무원들과 적게는 단거리 1~2시간, 길게는 장거리 10~14시간 동안 접하면서 그들을 통해 그 나라의 이미지와 항공사의 이미지를 형성한다. 그러므로 항공사를 대표하는 객실승무원은 외적 이미지를 형성하는 유니폼, 머리모양, 화장, 얼굴표정, 행동 그리고 말투에 더욱 신경을 써서 항공사에 대해 긍정적인 이미지를 심어주어야 한다. 또한 다양한 분야의 여러 계층의 승객을 접하는 승무원은 각종 상식과 교양, 업무지식 등을 습득하여 지식인의 이미지를 갖추어야 하며, 세련된 국제매너와 외국어 실력을 지님으로써 항공사를 이용하는 외국인 승객에게도 프로다운 이미지를 보여야 한다.

각 항공사의 이미지를 나타내는 슬로건

세계 항공업계를 선도하는 글로벌 항공사 대한항공 **KOREAN AIR**

아름다운 사람들 아시아나항공, ASIANA AIRLINES

즐겁게 모시는 제주 제주항공, JEJU AIR

Fly, beterfly 진에어, JINAIR

Flysmart 에어부산, AIR BUSAN

짜릿한가격으로 추억을 파는 국민항공사 이스타 항공, **EASTAR JET**

It's yours, T'way 티웨이 항공, t'way

Now everyone can fly 에어아시아, AirAsia

고객은 항공사를 이용하기에 앞서 이 단어와 함께 항공사를 떠올리기도 한다.

항공사 이미지 메이킹 관리기준

각 항공사의 승무원은 유니폼을 착용하고, 비행을 위한 출퇴근 시 복장 및 액세서리, MAKE-UP, HAIR-DO 등 외모를 구성하는 모든 요소에 대한 항공사 자체의 제반 규정을 지키도록 기준이 정해져 있다. 각 항공사는 승무원의 용모, 복장에 관한 제반 기준을 정하여 청결하고 단정한 승무원의 이미지를 제고하고자 노력하고 있다.

점검 항목으로는 유니폼의 청결과 구김 상태, 피부 관리 상태, 액세서리의 크기 및 형태, 시계의 크기, 및 HAIR-DO 등이 있으며 매 비행근무 전,후로 이미지 컨설턴트 및 담당자에 의해 확인이 이뤄지고 있다.

표정(10점)
찡그리지 않고, 밝고 자연스럽게 웃고 있다.

머리(10점)
청결한 상태이며, 머리가 흘러내리지 않도록 단정해야 한다.

화장(10점)
건강미가 있어 보이고 화장이 자연스러우며 부드러워 보인다.

유니폼 상의(20점)
• 구김이 없이 청결하며 단추가 제대로 달려 있다.
• 부착물은 올바른 위치에 있다.
• 리본의 크기가 알맞게 매어져 있다.

손 & 손톱(15점)
적당한 손톱길이와 매니큐어가 잘 되어 있다.

액세서리(10점)
심플하고 적당한 크기이며, 나를 돋보이게 한다.

스커트(10점)
• 구김이 없고 청결하다.
• 바느질이 터져있는 곳이 없고 길이도 짧지 않아야 한다.

스타킹(5점)
올이 나가지 않은 지정된 색상의 스타킹이다.

구두(10점)
• 청결함과 광택을 유지하고 있다.
• 발크기에 적당한 사이즈이다.

이미지메이킹의 의미

이미지메이킹image making의 의미는 '이미지 만들기', '이미지를 향상시키다', '이미지를 바꾸다' 등이며, 사람이나 사물에 모두 포함되는 개념인데, 궁극적으로는 우리가 바람직한 상을 정해 놓고, 그 이미지를 현실화하기 위해 우리의 잠재 능력을 최대한 발휘하여 될 수 있는 한 가장 훌륭한 모습으로 우리를 만들어 가는 의도적인 변화 과정이다. 개인이 추구하는 목표를 이루기 위해 자기 이미지를 통합적으로 관리하는 행위이자 자기향상을 위한 개인의 노력을 통칭하는 것이다.

이미지메이킹을 통해 보여지는 좋은 이미지는 언어로 전달하는 것보다 더 좋은 커뮤니케이션이 될 수 있다. 사회 심리학자 제임스James는 사람들이 사회적 자아를 갖고 있으며 사회적 자아는 남들에게 자신을 내보이고 싶어 하고 좋게 인정받으려는 욕구를 뜻하며, 타인과의 관계 속에 나타나는 자신의 신분을 의미하고 이러한 사회적 자기는 타인들로부터 받게 되는 인상 또는 평가들과 직접적으로 관련이 있다고 하였다. 또한 스나이더Snyder가 "사람은 사회 활동과 대인관계에서 자신이 처해 있는 상태나 상황에 더 잘 적응하고 타인으로부터 인정을 받기 위해 자신의 이미지와 인상을 조작하여 표현하려 하며, 표현할 수 있는 능력을 가지고 있다"라고 하였듯이 사람들은 사회에서 무의식적으로 자신의 정체성을 인정받기 위해 노력한다. 즉, 이미지메이킹은 자신의 이미지를, 다른 사람에게, 언제 어디서든 그 상황에 필요한 사람으로 만들어 주고, 그 능력을 배가시켜 주는 것이며 더 나아가서는 개개인의 내면의 잠재능력을 밖으로 표출시켜 줌으로써 활동력 있고 자신감 있는 사람, 호감을 주는 사람으로 보여지게 하는 것이다.

항공사의 승무원은 항공사의 인적 서비스 중 가장 핵심적인 역할을 담당하며 항공사 이미지에 미치는 영향이 크기 때문에, 항상 깔끔하고 자신감 있으며 신뢰감 있는 모습을 연출하기 위해 채용 후 신입승무원 양성과정 교육에서부터 외적 용모관리인 메이크업, 걸음걸이, 피부 관리, HAIR-DO, 유니폼, SMILE 등의 이미지관리 교육을 받고 있다.

이미지 메이킹의 주요 요소

appearance

외모

　외모는 그 사람의 심성과 생각이 작용하고, 감정과 습관이 영향을 주며, 자세와 행동이 수반되고, 표정과 말이 관여하거나 간섭한다. 저변에는 그 사람의 욕구가 잠재되어 있는데, 이러한 종합적인 요소에 의해 형성되어 외부로 표출된다. 그 사람의 옷차림이나 선택되어진 색채, 화장의 형태나 헤어스타일, 피부 관리, 심지어는 성형수술에 이르기까지 그 사람의 심성이나 생각에 의해서 결정되고 연출되어진다. 따라서 외모는 내부에 깔려 있는 조건들에 의하여 현재의 모습으로 표출된다.

expression

표정

　표정은 그 사람의 심성과 감정에 의해서 작용하고 생각과 욕구가 영향을 주며, 언행이 수반되고 외모와 자세가 관여하거나 간섭한다. 저변에는 그 사람의 습관이 잠재되어 있고, 이러한 종합적인 요인에 의해 형성되어 외부로 표출된다. 표정은 그 사람의 '마음의 창구'라는 표현처럼, 그 사람의 기본적인 심성과 상황에 따라 달라지는 감정에 의해서 밖으로 연출된다.

attitude
자세

자세는 그 사람의 감정과 욕구에 의해서 작용하고, 심성과 습관이 영향을 주며, 외모와 말이 수반되고, 표정과 행동이 관여하거나 간섭한다. 저변에는 그 사람의 생각이 잠재되어 있는데, 이러한 종합적인 요인에 의해 형성되어 외부로 표출된다. 현재의 감정 상태가 어떠냐에 따라 자세가 달라지고 욕구성향에 따라서 태도가 다르게 나타나기 때문이다.

behavior
행동

행동은 그 사람의 욕구와 습관에 의해서 작용하고, 감정과 생각이 영향을 주며, 표정과 외모가 수반되고, 말과 자세가 관여하거나 간섭한다. 저변에는 그 사람의 심성이 잠재되어 있는데, 이러한 종합적인 요인에 의해 형성되어 외부로 표출된다. 평상시에 그 사람이 무엇을 추구하고 있느냐와 오랫동안 길들여진 습관에 의해서 그 사람의 행동이 나타나기 때문이다.

speech
말

말은 그 사람의 생각과 습관에 의해서 작용하고, 심성과 욕구가 영향을 주며, 표정과 자세가 수반되고, 외모와 행동이 관여하거나 간섭한다. 저변에는 그 사람의 감정이 잠재되어 있는데, 이러한 종합적인 요인에 의해 형성되어 외부로 표출된다. 그 사람의 독특한 생각이 습관을 만들어 가고 습관은 사고에 상호보완 작용을 하여 말로 표현된다.

객실 승무원의 이미지 형성 요소

첫째 승객들은 승무원 유니폼의 바른 착용에서 깨끗하고 세련된 이미지를 받는다. 세련되고 편안한 느낌의 색상과 디자인의 유니폼은 항공사가 자사의 이미지를 통일하고 승객들에게 좋은 이미지를 각인시키려는 서비스의 중요한 부분이므로, 승객들은 해당 항공사의 통일된 이미지를 기억하게 된다.

둘째 승객들은 승무원의 밝은 미소를 통해 좋은 이미지를 형성시키게 된다. 좋은 이미지의 형성을 위해 항공사는 승무원 양성 시 화장의 색깔과 머리의 모양 및 이미지의 통일성을 위해 표준화된 규정을 정하여 교육에 반영하고 있다.

셋째 때와 장소에 맞는 올바르고 예의바른 인사를 통해 승객들은 좋은 이미지를 받게 된다. 상황에 맞는 올바른 인사를 하기 위해 승무원은 입사 후 신입교육, 정기훈련 및 비행 전 브리핑시 인사연습을 통해 올바른 인사법을 체득하게 된다.

넷째 어린이 승객부터 고령의 승객까지 각각의 승객에게 맞는 적절한 호칭과 경어의 사용은 승무원의 이미지를 한층 더 높여주게 된다. 승객들은 승무원이 구사하는 부드러운 톤의 음성과 올바른 호칭의 사용에서 안전하고 즐거운 여행을 경험하게 된다.

다섯째 승객의 요구와 불편을 긍정적이고 적극적인 방식으로 처리하려는 승무원은 승객에게 좋은 이미지를 줄 수 있다. 다양한 국적의 승객들이 탑승하는 항공여행의 특성상 기내에서 발생하는 요구사항과 불만사항은 다양할 수밖에 없기 때문에 일률적이고 정형화된 서비스는 많은 승객들의 개성과 특성에 맞지 않는 서비스가 될 수 있으므로 적극적인 승무원의 배려는 승객들에게 좋은 이미지를 구축하게 된다.

여섯째 외국인 승객에게 유창한 외국어와 세련된 국제 매너로 서비스를 제공하는 승무원은 좋은 이미지를 승객들에게 각인시키게 된다. 국경을 넘나드는 항공여행의 특성상 많은 외국인들에게도 서비스를 제공해야 하기 때문에 외국인 승객들은 승무원에게 유창한 외국어를 기대하게 된다. 그러므로 승무원의 세련된 매너와 유창한 외국어 구사능력은 승객들에게 전문적인 승무원의 이미지를 형성시키게 된다.

이미지메이킹 5단계

1 Know yourself 자신을 알라
> 자기 자신을 바르게 알고 파악하는 단계

이미지메이킹의 첫 단계는 자신을 객관적으로 파악하는 것이다. 내가 아는 나의 이미지와 남이 보는 나의 이미지를 분석함으로써 객관화할 수 있다. 자신의 장단점을 잘 알고, 승무원으로서 자신의 역량을 파악하고 보완할 수 있는 사람이라면 프로다운 승무원으로서 자신의 이미지를 구축할 수 있을 것이다.

2 Develop yourself 자신을 계발하라
> 구체적인 목표를 설정하여 자신을 계발하는 단계

내가 원하는 이미지와 현재 나의 이미지 사이에는 차이가 있을 수 있다. 이러한 차이를 줄이기 위하여 자신의 단점은 줄이고, 장점이 부각되도록 노력해야 한다. 다양한 국적과 계층의 승객들을 대하는 승무원에게 자기계발은 매우 중요한 부분이다.

3 Package yourself 자신을 포장하라
> 자신의 외적 이미지를 목적에 맞게 연출하는 단계

아무리 좋은 상품이라 할지라도 포장이 형편없으면 상품에 대한 구매욕구도 떨어지게 된다. 같은 물건이라도 어떻게 포장하느냐에 따라 그 상품의 가치와 상품을 대하는 우리의 태도가 달라진다. 자신의 내면적 가치를 돋보이고 잘 살리기 위한 외형적인 이미지를 계발해야만 한다.

4 Market yourself 자신을 알리고 광고하라
> 자신을 적극적으로 알리고 표현하는 단계

자신감을 갖고 자신의 능력을 발휘할 수 있는 기회를 스스로 만들어야한다. 스스로 자신의 이미지를 당당하게 보여주는 태도가 필요하다.

5 Be yourself 나다움을 개발하라
> 자신의 진실한 이미지를 전달하는 단계

승무원은 승객들에게 신뢰를 줄 수 있어야 함은 물론이고, 진실하게 소통할 수 있는 마음과 몸가짐을 지녀야 한다. 이미지메이킹에 있어서 진실하지 못하다면 그것은 거짓, 위신일 뿐이다. 나의 이미지에 대하여 자신감을 갖고 더 나은 나를 계발하기 위해 끊임없이 노력해야만 한다.

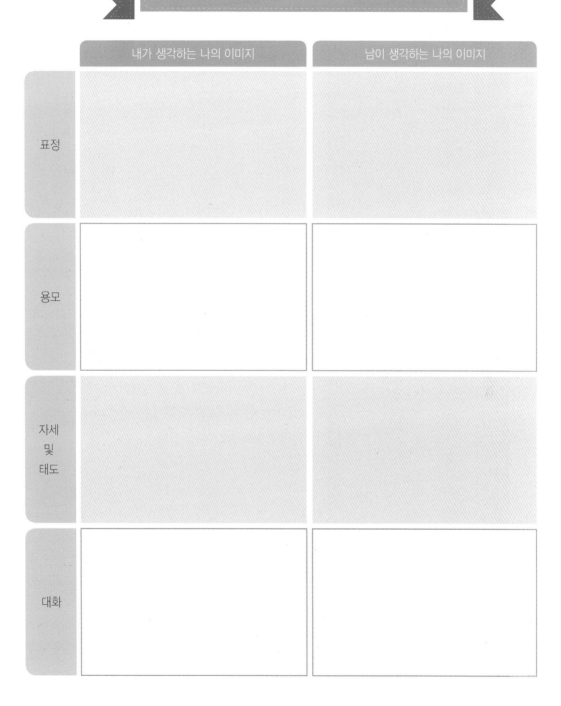

이미지 분석

	내가 생각하는 나의 이미지	남이 생각하는 나의 이미지
표정		
용모		
자세 및 태도		
대화		

셀프 승무원
이미지메이킹

1. 승무원으로서 나의 이미지 장점

2. 승무원으로서 나의 이미지 단점

3. 이미지 개선을 위한 실행 방안

4. 내적 이미지 롤 모델 선정 / 닮고 싶은 부분(여러명 가능)

5. 외적 이미지 롤 모델 선정 / 닮고 싶은 부분 (여러명 가능)

성공을 원하는 사람들을 위한 이미지메이킹 10계명

제1계명
열린 마음을 가져라.
닫힌 창고보다는 열린 뒤주가 낫다.

제2계명
첫 인상에 승부를 걸어라.
한번 실수는 평생 고생이 되기 때문이다.

제3계명
외모보다는 표정에 투자하라.
표정이 안 좋다면 다른 것에 투자한 만큼 낭비이다.

제4계명
자신감을 소유하라.
당당하고 야무진 모습은 무언의 설득력이다.

제5계명
열등감에서 탈출하라.
상황을 바꿀수 없다면 생각을 바꿔라.

제6계명
객관적인 자신을 찾아라.
진정한 자기 발견은 달러($)보다 값지다.

제7계명
자신을 목숨 걸고 사랑하라.
자신을 아낄줄 모르는 사람은 남도 아낄 줄 모른다.

제8계명
자신의 일에 즐겁게 미쳐라.
즐겁지 못한 일은 모두가 고역이기 때문이다.

제9계명
신용을 저축하라.
쌓여 가는 신용은 성공의 저금통장이다.

제10계명
남을 귀하게 여겨라.
아무리 못났어도 나보다 나은 점이 있기 때문이다.

– 이미지메이킹 센터 소장 김경호

항공사 공채 면접시 승무원 면접 평가요인 및 구성 항목

- **외모적 평가 기준**
  미소, 말투, 걸음걸이, 제스쳐, 시선, 키, 몸무게, 상처, 치아, 피부, 목소리

- **자질 및 태도**
  팀 융화력, 책임감, 적극성, 타 문화 이해도, 융통성, 커뮤니케이션 능력, 성실성, 서비스 관련 업무 경험

- **출신 배경**
  성장배경, 출신학교, 외국어 점수, 전공, 학점

IMAGE MAKING FOR CABIN CREW

퍼스널
브랜드

브랜드란

브랜드는 라틴어로 "각인시키다"라는 뜻의 어원에서 시작되었다. 브랜드는 기업 혹은 개인의 제품이나 서비스를 식별해 주고Identify, 경쟁자의 것과 차별화 시켜주며Differentiate, 소비자가 가치 있게 느끼게 하는 경험적 상징체계Experiential symbolic system를 말한다.

강남역 스타벅스에서 카라멜 마키아토를 마시며 아이폰으로 친구들과 트위팅하는 동안 구글 어프리케이션을 이용하여 일하고 있다고 상상해보라. 이 중 그 가치를 충분히 검토 후 선택한 것이 얼마나 있을까? "디자인이 좋아서, 있어 보여서, 그냥 믿음이 가서"처럼 당신은 단순히 브랜드를 보고 선택하는 경우가 많다. 소비자들은 직접적 효용보다는 브랜드를 통해서 얻는 가치주변의 신뢰, 우월감, 자신감 등를 더 중시한다.

WPP Group의 스테판 킹은 '제품과 브랜드의 차이'를 들어 브랜드의 중요성을 강조한 바 있다. "공장에서 제조되는 것은 제품이지만, 소비자가 사는 것은 브랜드이다. 제품은 경쟁회사가 복제할 수 있지만, 브랜드는 유일무이하다. 제품은 쉽사리 시대에 뒤질 수 있지만, 성공적인 브랜드는 영원하다."

퍼스널 브랜드란

'퍼스널 브랜드'는 개인을 타인과 차별화하여 명확하게 기억, 인지시키는 것이며, 자신을 가치있게 느끼게 만드는 것을 말한다. 개인의 이미지는 타인의 마인드 속에 간직된 인식으로 형성되며 상호간에 일어나는 반복적인 접촉을 통해 상대방은 나에 대한 인식을 갖게 되고, 이것이 조금씩 다듬어 지면서 하나의 브랜드로 형성되게 된다고 한다. 타인의 인식 속에 새겨진 브랜드는 자기 자신의 실체와 신념과도 같기 때문에 자신이 가진 능력과 이미지를 타인에게 어떻게 인식시키느냐가 매우 중요하다. 샤넬, 바비 브라운, 입생로랑과 같은 디자이너의 이름을 딴 명품 브랜드는 모두 성공적인 퍼스널 브랜드의 사례라고 할 수 있다.

퍼스널 브랜드의 가치

퍼스널 브랜드의 가치는 한마디로 '영향력'이라고 할 수 있다. 충분한 분석과 검토를 통해 발견된 개인의 특성이 무엇인지 알게 되면, 이를 이용한 다양한 비즈니스 활동은 부가가치 창출을 가능케 할 수 있다. 무엇보다도 퍼스널 브랜드를 만들 때 얻어지는 효과는 개인에 대한 믿음을 형성할 수 있다는 데 있다. 그 사람이 어떤 사람인지, 무엇을 하는 사람인지, 믿을 만한 사람인지, 일은 잘하는지에 대한 구체적인 정보처리과정을 통하지 않고도 그 사람의 행위 전체에 대한 믿음이 형성되게 된다는 데 가치가 있다.

비슷한 능력을 가진 엇비슷한 인재들이 넘쳐 나면서, 사회는 개인에게 그들만의 차별화된 가치와 경쟁우위를 요구하게 되었다. 체계적인 퍼스널 브랜드의 구축은 경쟁자보다 유리한 위치를 차지할 수 있고, 개인의 정체성을 명확하게 할 수 있다. 이것은 브랜드를 통해 정보처리의 효율성을 높이려는 소비자들의 경향성 때문에 얻을 수 있는 결과이다. 또한 똑같은 일을 하더라도 퍼스널 브랜드가 있는 사람이 더 깊은 신뢰를 얻는다. 미국의 한 조사 결과에 따르면, 퍼스널 브랜드의 콘셉트와 비전을 갖고 있는 직장인이 그렇지 않은 직장인보다 10% 이상 높은 연봉을 받고 있다고 한다. 브랜드를 가진 사람이 훨씬 더 가치를 인정 받으며 몸값도 높다는 것을 알 수 있다.

1 인식이 용이해진다.
2 결정력과 신뢰성을 높인다.
3 강력한 리더십을 발휘할 수 있다.
4 권위가 증대된다.
5 선택의 기회가 주어진다.
6 개인의 가치를 증대시킨다.
7 인정받게 된다.
8 성과를 창출시킨다.

'자기 분야에서 최고가 되려면 무조건 열심히 하는 것 이상의 그 무엇이 필요한데, 그것은 바로 자신을 브랜드화하는 전략이다'

–'Brand yourself' 데이빗 앤드루시아

퍼스널 브랜딩 전략

Pre-Personal Branding : 자신의 브랜드를 평가하라

내가 원하는 퍼스널 브랜드로 포지셔닝하기 위해서는 지금 현재 자신의 브랜드는 어떤 모습인지, 어떻게 포지셔닝되어 있는지를 명확히 평가하는 것이 가장 중요하다. 이를 위해 내가 바라보는 '나'와 다른 사람이 바라보는 '나'를 살펴야 한다.

이와 같은 방법을 통해 주관적인 나와 객관적인 나Me 사이의 차이Gap를 인식하게 되는데 그것이 바로 현재의 나Real I이다. 즉 '나'라는 브랜드를 이상적인 나의 모습인 퍼스널 브랜드로 포지셔닝하는 과정이 퍼스널 브랜딩이다.

- Brand Positioning : 내 자신의 이미지를 타인들의 생각, 마음에 위치, 각인시키는 것 즉 소비자들의 마음 속에 자사 제품의 바람직한 위치를 형성하기 위하여 제품효익을 개발하는 커뮤니케이션 활동을 말한다.
- 객관적인 나Me를 알기위한 도구로는 애니어그램, MBTI, DISC 등의 검사가 있다.

나를 알고 있습니까?

퍼스널 브랜드 구축을 위해 제일 중요한 것은 나를 아는 것이다. 막연하게 내가 무엇에 관심이 있고, 이러이러한 것들을 해보고 싶다는 추상적인 앎이 아닌 I주관적와 Me객관적의 차이를 아는 것을 말한다.

그룹 GOD의 노래 중 "길"이라는 노래가 있다.

「나는 왜 이 길에 서있나, 이게 정말 나의 길인가 이 길의 끝에서 내 꿈은 이뤄질까」
'우리는 내가 누구인가?'
'나는 어디를 향해서 가고 있나?'
'내가 지금 하고 있는 이 일이 나에게 어떠한 의미가 있을까?'

이러한 질문에 대한 답을 하는 것이 퍼스널 브랜드의 시작이다.

막연히 돈을 많이 벌겠다가 아닌 어떤 방법으로 돈을 벌 것이고, 그 돈을 통해 어떤 행복한 삶을 살겠다는 의지의 표현. 그러기 위해서는 먼저 나에 대해 정확하게 알아야 한다.

나를 알고 사명(미션)을 확인하라

나를 알기 위해서는 지난 날의 나의 모습, 현재의 모습, 그리고 앞으로의 나의 모습을 그려보는 것으로 시작한다. 과거의 내 모습을 살펴보면 나의 성향, 내가 중요하게 생각해 온 가치들을 알게 되고, 현재의 모습을 살펴보면 과거와 다르게 변하여 온 나의 모습을 알게 된다. 이 둘을 통해 앞으로 내가 나아갈 방향을 알 수 있게 되며, 이러한 자료를 기초로 자신의 사명서를 작성한다. 실질적으로 나의 사명을 생각하고 정리해보는 일은 결코 쉽거나 간단하지 않기에 오랜 기간 동안 심사숙고하여 정리해야 한다.

> 어떤 사람이 한창 진행 중인 건축 공사장을 지나다가 3명의 인부를 보았습니다. 그는 첫 번째 인부에게 물었습니다. "당신을 지금 무슨 일을 하고 있습니까?" 첫 번째 인부가 대답했습니다. "일당 받는 잡부요" 두 번째 인부에게 물었습니다. "지금 무슨일을 하고 있습니까?" 두 번째 인부가 대답했습니다. "벽돌을 쌓는 중이요" 세 번째 인부에게 물었습니다. "지금 무슨 일을 하고 있습니까?" 세 번째 인부가 대답했습니다. "저는 지금 아름다운 성당을 짓고 있는 중입니다."
>
> 나는 지금 아름다운 성당을 짓고 있는 중인가요?

※ 참고 : 사명서 작성과 관련 사이트 Tip.
  - 프랭클린플래너 사용법 관련 동영상 및 오프라인 무료교육(http://www.eklc.co.kr)
  - 성공하는 사람들의 7가지 습관(스티븐 코비) 참고

비전을 구체화하라

비전은 멀리 내다보는 무언가를 말한다. 퍼스널 브랜드 비전이란, 막연한 몽상가의 꿈에서 벗어나 그 꿈을 현실화시키기 위해 행동하는 일, 원하던 꿈이 당장이라도 내 눈앞에 일어날 것만 같은 가슴 떨리는 설레임을 갖도록 스스로를 동기부여할 수 있게 만드는 힘을 말한다. 결국 목표들을 설정하고 내가 원하는 모습으로 현실화시키는 작업이 퍼스널 브랜드 비전이다.

이를 위해서는 내가 되고 싶은 것, 가지고 싶은 것, 내가 바라는 모든 것이 생생하게 눈 앞에 실현될 수 있도록 그것을 마음에 새겨 하나하나 구체적으로 실행하는 것이 중요하다.

무기를 만들어라

내가 퍼스널 브랜드가 되기로 결심했다면 반드시 나만의 무기가 있어야 한다. 제품 기술들이 평준화 양상을 보인지 오래되었고, 사람들 역시 학력, 능력의 격차가 줄어들고 있고, 지식 그 자체가 막강한 힘을 발휘하던 시대는 지나고 있다. 어느 분야든 경쟁이 치열해지면서 나를 차별화시켜 세일즈하는 것은 더욱 더 어려워지고 있다. 이러한 상황 속에서 퍼스널 브랜드로서 나의 세일즈 능력을 끌어올리고, 목표 달성의 효율성을 증대시키는 방법은 무엇이 있을까?

나만의 무기를 가지고 있어야 한다. 이를 퍼스널 브랜드 플랫폼Platform이라 하는데 [퍼스널 브랜드로서의 내가 가져야 하는 가장 핵심적인 가치이며 차별화된 경쟁 우위적 요소특징, 장점, 강점 등를 의미] 이러한 퍼스널 브랜드 플랫폼은 다른 사람과 나를 차별화 시키는 핵심콘셉트가 되고, 이를 더욱 더 가다듬으면 퍼스널 브랜드 파워를 향상시킬 수 있는 무기가 된다. 또한 나의 퍼스널 브랜드 플랫폼을 캐치프레이즈로 만들어 자신을 효율적으로 커뮤니케이션하고, 이를 알릴 수 있는 다양한 퍼스널 브랜딩 채널을 구축하고 활용하여야 할 것이다.

Personal Brand Identity를 규정하라

아이덴티티란 '내가 원하는 모습'이라고 정의할 수 있는데, 좀 더 구체적으로 이야기하면, 내가 가지고 있는 가치체계와 사명, 비전, 목표 등을 말하며, 사명을 수행하고 비전을 현실화하기 위한 단계별 목표를 수행할 수 있는 핵심 역량을 명확하게 발견, 개발, 강화시킬 수 있도록 해 준다. 즉, 다른 사람에게 비춰지는 '나'의 이미지를 어떻게 각인시킬 것인가를 선택하는 것을 말한다.

- 나의 꿈은 무엇인가?
- 내가 존재하는 이유는 무엇인가?
- 내가 만들어내고 싶은 것은 무엇인가?
- 나의 비전을 실현시키기 위한 단계별 목표는 무엇이 있는가?
- 내가 중요하게 여기는 가치들은 어떠한 것들이 있는가?

퍼스널 브랜드가 된다는 것은 단순하게 사회적으로 높은 위치를 차지하고, 경제적 능력을 키워가는 것만을 의미하지는 않는다. 진정한 퍼스널 브랜드는 이 땅에서 사는 동안 내가 하고 싶은 일들비전, 내가 해야만 하는 일들사명을 통해 진정한 자신의 삶을 살아가는 것을 말한다.

Personal Brand Gap을 분석하라

위의 1, 2단계를 시행하다보면 'I'와 'Me' 사이의 차이주관적인 나와 객관적인 나 사이의 Gap와 현실과

이상의 차이Actuality I 와 Persona Brand로서의 Gap를 통해 나의 목표와 현실간의 거리를 보다 객관적으로 검증해 볼 수 있을 것이다.

Personal Brand Positioning 전략을 수립하라

내가 추구하는 Personal Brand를 다른 사람에게 각인시키는 전략을 말한다.

CF를 생각해보자. 예를 들어, '배달의 민족'이라는 어플을 광고하는 CF는 우리나라 민족을 가리키는 '배달밝은 땅'과 음식의 '배달'의 발음상의 동일성을 이용해 만든 CF이다. 이 CF를 보면 "배달倍達, 밝은 땅 = 배달配達, delivery"로 사람들에게 각인시키고 있다. 이러한 것이 Positioning의 한 예이다.

'나'라는 Brand를 타인에게 Positioning하기 위해서는 경쟁환경분석, 고객분석, 시장성 및 성장성의 고려 등의 선조사가 필요하다. 다른 사람에게 '나'라는 Brand를 기대하는 목표 이미지로 각인시키기 위해서는 다른 경쟁자가 아닌 나를 선택해야만 하는 이유와 가치를 분명하게 제시해야 한다. 이를 위해서는 다른 사람이 원하는 것이 무엇인지, 경쟁자들이 그 고객들에게 무엇을 약속하고 있는지 파악하는 일은 너무나도 중요하다.

위의 4단계에서 살펴본 것처럼 퍼스널브랜드가 되는 작업은 분석을 통해 정확한 자신의 상태를 진단하는 것에서부터 시작되며, 목표를 정확히 하고, 목표를 달성하기 위한 전략을 선택하고 나만의 무기를 다듬어 실제 퍼스널 브랜드로서 고객과 만나기 전까지 준비해야 한다.

참고 자료

피터 몬토야의 퍼스널 브랜드 정의

퍼스널 브랜드란 다른 사람들이 당신을 생각할 때 가장 먼저 떠오르는 당신에 대한 인상, 즉 당신과 교류하는 사람들에게 내세울 수 있는 당신의 대표 이미지이다.

– 피터 몬토야는 미국의 퍼스널브랜드 개발회사인 Peter Montoya Inc.의 최고 경영자

퍼스널 브랜드는 수많은 사람들 속에서 나를 각인 시키는 것이며 나의 평판과 가치를 나타내는 그 무언가이다. 마치 명함과 같은… 첫인상 명함이라고나 할까?

자신만의 브랜드를 만들 수 있는 방법

첫째, 자신의 능력을 최대한 알려야 한다. '소통의 기술'은 자신의 능력을 전달하는 가장 원초적인 수단으로서 "표현하지 않는 감각은 감각이 아니다."라는 광고 카피처럼 자신의 능력을 제대로 표현해내지 못하는 사람은 자신의 브랜드를 만들기 어렵다.

둘째, 단점을 강점으로 발전시켜야 한다. 혼혈이라는 핸디캡이 컸던 가수 인순이는 보통의 가수들이 가지지 못한 파워풀한 창법과 무대 매너, 끊임없는 자기관리로 시대 변화에 발맞춰 젊은 신세대 후배들과 함께 무대네 서는 보기 드문 가수이다.

셋째, 사람들 사이에서 자신의 이미지를 탄탄하게 세우기 위해 가장 중요한 것은 자신의 말과 행동을 일치시키는 일이다.

넷째, 언제나 자신을 돌아보고 원하는 목표에 얼마만큼 가 있는지, 지금 부족한 점은 무엇이며 앞으로 해야 할 과제는 무엇인지에 대한 확실한 점검이 필요하다.

다섯째, 오직 자신만이 가지고 있는 전문성으로 즉각적인 대응을 할 수 있는 능력을 보유해야 한다.

여섯째, 자신의 특징을 한 줄 카피로 만들어 명함에 적어 넣거나 개인 홈피, 블로그 등 1인 미디어를 활용한 개인 브랜딩은 기본이다.

위에서 정리된 바대로 자신의 브랜드 자산을 능력과 지식, 감성, 고객 등의 분류로 나누어서 꾸준히 발전시키는 것도 개인 브랜딩의 효과를 높일 수 있는 방법이 되는 것이다.

사람들은 보통 변화와 불안한 미래를 두려워한다. 그래서 현실에 불만이 있어도 기존의 안전지대에 머무르려는 경향이 있다. 하지만 아무도 변화를 거스를 수 없는 것이 시대의 변화이며 흐름이다. 삶 자체가 변화의 연속이기 때문이다. 공부가 싫거나 자신의 전문성 개발이 불편하건 간에 연속적인 삶 속에 녹아있는 변화에 편승하여 이 변화를 받아들이지 않으면 같이 공유될 공간이 없을 정도로 지금의 디지털 시대는 너무 많이 앞서 있는 것 같다. 자신의 브랜드를 만들기 위해, 또한 성공시키기 위해 자신을 변화시키고 그 변화에 두려워하지 않아야 성공한다는 것은 누구나 잘 알고 있다. 그러나 성공하는 사람 숫자가 적은 것은 변화를 이겨내야만 성공한다는 것을 아는 만큼, 그것을 행동으로 옮기는 일은 쉽지 않기 때문이다.

– 자신만의 퍼스널 브랜드를 만들자/ 박현길 –

실제의 나의 모습

내가 원하는 나의 모습

GAP 분석

Positioning 전략

SWOT 분석

SWOT분석이란 기업이 내부환경과 외부환경을 분석하여, 강점strength과 약점weakness 기회opportunity와 위협threat 요인을 규정하고 이를 바탕으로 마케팅 전략을 수립하는 데 주로 사용되는 기법이다. 그러나 최근에는 취업을 준비하는 이들이 자신의 강점과 약점내부환경을 파악하고, 자신을 둘러싼 환경외부환경을 분석하여 자신에 대해 정확히 이해하고 조직에 융화될 수 있도록 준비하기 위한 자기분석 용도로도 많이 사용되고 있다.

내부환경 분석
경쟁자와 비교했을 때 내가 가진 것

강점strength
흥미, 적성, 성격, 지식, 능력 등을 통틀어 목표로 하는 기업이 직무에서 요구하는 것과 비교했을 때, 자신이 가진 게 더 나은 점을 말한다.

약점weakness
목표로 하는 기업 및 직무에서 요구하는 조건에 비해 내가 가지고 있지 않은 능력 및 부족한 조건을 말한다.

외부환경 분석
나를 둘러싸고 있는 것

기회opportunity
최근 일어나고 있는 정치, 사회적 여건, 제도 등 자신을 둘러싸고 있는 환경 조건 중 자신에게 유리하게 작용되는 것을 말한다.

위협threat
자신을 둘러싸고 있는 환경 조건 중 자신에게 불리하게 작용되는 것을 말한다.

SWOT 분석을 이용한 전략의 수립

SO 강점을 활용하여 기회를 살리는 전략

ST 강점을 활용하여 위험을 피하거나 최소화하는 전략

WO 약점을 보완하여 기회를 살리는 전략

WT 약점을 보완하는 동시에 위험을 피하거나 최소화하는 전략

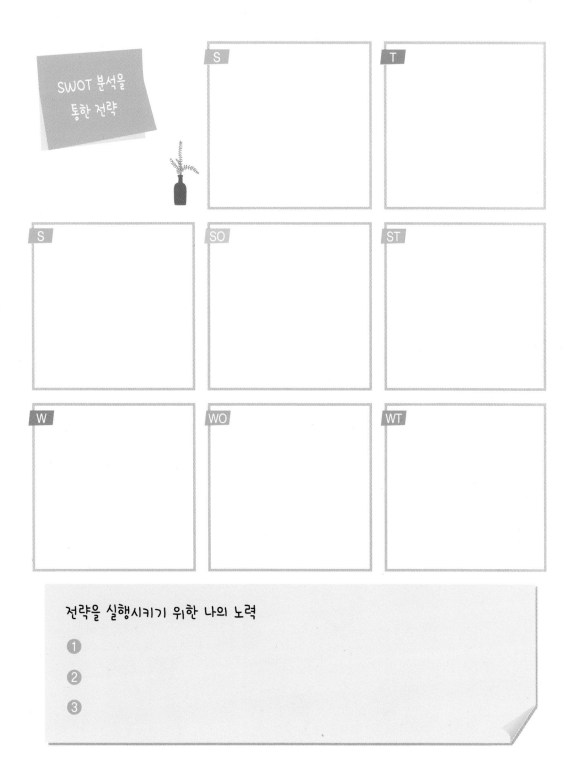

SWOT 분석을
통한 전략

S		T

S	SO	ST

W	WO	WT

전략을 실행시키기 위한 나의 노력

①

②

③

IMAGE MAKING FOR CABIN CREW

첫인상과 표정 이미지

Chapter 03

첫인상의 중요성

첫인상을 결정하는 '7초의 법칙'이라는 것이 있다. 사람들이 누군가를 처음 만났을 때 7초 만에 호감 또는 비호감의 이미지를 결정한다는 것이다. 그런데 중요한 사실은 7초 안에 결정된 이미지가 비호감이었다면, 이를 호감으로 바꾸는 데는 48시간이나 더 필요하다는 것이다. 7초면 얻을 수 있는 호감을 48시간이나 들여 겨우 얻는 것이다. 그만큼 첫인상을 바꾸기가 힘들다는 것이다. 또한 심리학자인 앨버트 메라비언에 의하면 상대방에 대한 인상이나 호감을 결정하는 데 있어서 목소리의 톤이나 음색과 같은 청각적인 이미지는 38%, 외모, 보디랭귀지와 같은 시각적 요소는 55%의 영향을 미치는 반면, 말하는 내용은 겨우 7%만 작용한다는 한다.

승무원은 항공사 이미지 형성에 가장 중요한 역할을 하는 만큼 승객을 맞이할 때의 첫인상에 특별히 주의를 기울여야 한다. 승객 탑승 시 '안녕하십니까?'라고 한마디의 인사를 하더라도 인상의 93%를 차지하는 청각적, 시각적 이미지의 중요성을 기억해야 할 것이다.

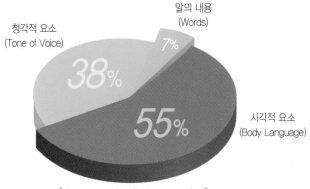

청각적 요소 (Tone of Voice) 38%
말의 내용 (Words) 7%
시각적 요소 (Body Language) 55%

[Albert Mehrabian, Professor at UCLA]

초두효과

초두효과는 처음 제시되는 정보가 인상 형성에 큰 비중을 차지한다는 것이다.

애쉬라는 심리학자는 사람의 초기 정보가 나중에 제시되는 정보에 비해 얼마나 효력을 가지는지를 알기 위해 다음과 같은 실험을 했다. 그는 A, B, 두 집단의 사람들에게 한 인물을 소개하며 여섯 가지의 성격적 특성을 나열하여 설명했다. 여섯 가지의 성격적 특성을 제시하는 순서가 다르다는 것을 제외하고는 두 집단에 설명한 내용은 동일한 것이었다.

그 인물에 대한 소개가 끝나고 사람들에게 조금 전 소개한 사람에 대한 인상을 말해 보도록 했다. 그랬더니 동일한 내용임에도 첫머리에 제시한 정보가 무었이었느냐에 따라 상반되는 인상을 형성했다. A집단의 사람들은 B집단의 사람들보다 그 인물을 성공적이고 사회적으로 안정적인 사람으로 평가했는데, 이것은 처음 접한 인상이 그 사람의 전체적인 인상을 좌우한다는 것을 확인해 주는 것이다.

첫인상이 큰 영향을 주며 잘 바뀌지 않는 현상의 이면에는 사람들이 머릿속에서 '일관성 consistency'을 유지하려 하는 심리적 압력이 내재해 있다. 원래 좋게 생각했던 사람은 좋은 행동을 하는 것이 일관성에 맞고, 원래 좋지 않게 생각했던 사람은 좋지 않은 행동을 하는 것이 일관성에 맞기 때문에, 원래 좋게 여겼던 사람이 좋지 않은 행동을 하면 '그럴 만한 이유가 있겠지'하고 너그럽게 평가하는 반면, 원래 좋지 않게 여겼던 사람이 좋은 행동을 하면 '무슨 꿍꿍이속이 있을까?' 하고 의심하게 된다. 이 일관성 원리는 우리가 모르는 사이에 우리의 많은 사고과정을 지배하고 있다.

후광효과

한 개인의 다양한 특성에 대한 평가가, 그가 가진 하나의 뛰어난 특성에 의해 영향을 받는 현상이다. 호감을 주는 외모를 지닌 사람의 성격이 온정적이고 사교적일 것이라거나, 금테 안경을 걸친 사람은 깔끔하고 지적일 것으로 판단하는 것은 후광효과의 예이다. 후광효과는 인간관계에서 사람에 대한 평가를 할 때 특히 두드러진다. 처음 보는 사람을 평가할 때 몇 초 안에 첫인상이 모든 것을 좌우한다고 할 수 있다. 첫인상이 좋으면 이후에 발견되는 단점은 작게 느껴지지만 첫인상이 좋지 않으면 그의 어떠한 장점도 눈에 들어오지 않는 경우가 많다. 면접관들이 면접자들을 평가할 때 그들의 부분적인 특성인 외모나 용모, 인상 등만을 보고 회사 업무에 잘 적응할 만한 사람이라고 판단하는 경우 후광효과가 작용했다고 할 수 있다. 미국 유명 기업 CEO들의 평균 신장이 180Cm를 넘는다는 것 역시 큰 키에서 우러나오는 후광이 다른 특징들을 압도했다고 볼 수 있을 것이다.

긍정적인 첫인상을 주는 요령

자신감 있는 태도
망설이지 말고 반듯한 자세로 상대를 향해 나아간다.

상황에 맞는 옷차림
너무 멋 부리거나 경박한 차림 아닌, 당신의 스타일에 맞는 편한 옷이 좋다.

긍정적인 마음가짐
상대방과 나눌 대화에 기대를 가지자. 호기심 갖고 서로 일치하는 면을 찾자.

상대방에 쏟는 관심
정신을 상대에 집중하면 상대도 당신의 관심을 알고 그것을 호감의 신호로 받아들이게 된다.

시선 접촉과 미소
절대로 상대를 계속해서 응시하거나, 시선을 아래로 떨어뜨리지 말자.

명료하고 솔직한 인사
지나가는 투로 얼버무리는 인사는 금물이다.

나의 첫인상 호감도는?

1 자신에게 어울리는 이미지를 잘 알고 있다고 생각한다.

2 평소 긍정적이고 적극적이란 평가를 받는다.

3 좋은 이미지를 위해 노력하고 변화를 추구하는 편이다.

4 첫인상이 좋다는 소리를 자주 듣는다.

5 항상 잘 웃는 편이다.

6 상황에 맞는 옷차림에 신경을 쓴다.

7 예의가 바른 사람이라는 평가를 받는다.

8 자세는 반듯하며 걸음걸이도 만족하는 편이다.

9 상대방의 말을 잘 듣고 대답하는 편이다.

10 항상 단정한 헤어스타일을 연출하고 있다.

5개 이하

관리 필요형
자신의 생각과는 달리 인간관계에서 손해를 볼 수 있으므로 관리를 할 필요가 있다.

6~7개

그럭저럭형
뚜렷한 인상을 심어 주기엔 약간 부족한 타입이지만 조금만 신경을 쓴다면 최상의 이미지를 가질 수 있다.

8개 이상

호감 우수형
끌리는 스타일로 모두가 좋아하는 최상의 이미지를 지녔다.

표정 이미지

얼굴 표정은 사람의 인상을 결정짓는 중요한 요소로서, 개인의 감정이 가장 솔직하게 드러나는, 커뮤니케이션에 있어 매우 중요한 비언어적 행위이다. 또한 표정은 의미의 변화를 정확히 전달할 수 있는 유연성을 갖는다. 표정은 사람의 심리 상태를 나타내는 거울로서, 표정을 통해서 상대에게 호감을 줄 수도 있고, 불쾌감을 전달할 수도 있다. "자신의 얼굴에 대한 책임을 져야 한다."는 말처럼, 인생을 살아가는 순간마다 자신이 표정을 결정하며 자신의 얼굴은 자신에게 책임이 있음을 인식해야 한다. 상대에게 가장 호감을 주는 표정은 바로 미소를 담은 표정이다. 항공사의 이미지를 대표하는 승무원으로 항상 고객들에게 호감 가는 인상을 주어야 하므로 미소는 모든 서비스의 기본이라 할 수 있다.

남·여 직장인 첫인상을 결정짓는 요인

표정은 대부분 얼굴을 통해서 나타나게 된다. 얼굴에는 80개의 큰 근육이 있어서 각 근육의 조합을 통해 약 7000가지 이상의 표정을 만들어 낼 수 있다. 얼굴 표정은 안면 전체에 퍼져 있는 근육에 의해 조절되고 근육의 움직임에서부터 나온다. 이것은 어떤 근육을 많이 사용하느냐에 따라 호감 가는 인상이 되기도 비호감의 인상이 되기도 한다는 것이다.

표정 체크 ✓ 리스트

1. 자신의 표정은 밝고 상쾌한 모습인가?
2. 자신의 표정은 돌아서면서 굳어지는 않았나?
3. 자신의 표정에서 입은 가볍게 다물고 있는가?
4. 자신의 표정에서 양쪽 입꼬리가 올라가 있는가?
5. 평상시 자연스러운 미소를 짓고 있는가?
6. 평상시 시선은 부드럽거나 편안한 편인가?
7. 평상시 시선은 부드럽거나 편안한 편인가?
8. 말을 할 때 눈을 너무 자주 깜박거리지 않는가?
9. 혼자 있는 시간에도 항상 표정관리에 신경을 쓰는가?
10. 너무 긴장하면 입술을 깨물거나 오므리지 않는가?
11. 턱을 너무 들고 있거나 너무 숙이고 있지 않은가?
12. 눈동자가 불안정하게 움직이고 있지 않은가?
13. 웃고 있는 입술이 한쪽으로만 올라가지 않는가?
14. 웃을 때 습관적으로 입을 가리지는 않는가?
15. 웃는 얼굴에 대해 칭찬을 받은 적이 있는가?
16. 얼굴표정이 부드럽고 편안하다고 생각되는가?
17. 얼굴표정을 웃는 얼굴로 바꾸고 싶은 생각이 있는가?
18. 자신의 웃는 표정이 마음에 드는가?
19. 자신도 모르게 습관적으로 미간을 찌푸리고 있는가?
20. 자신이 표정은 매우 다양하다고 생각되는가?

호감을 주는 표정

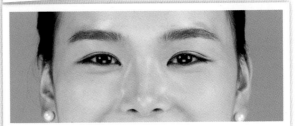

눈

- 눈동자는 항상 중앙에 위치하도록 한다.
- 상대의 눈높이와 맞춘다.
- 부드럽게 상대의 미간을 본다.

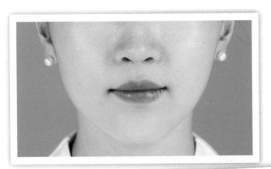

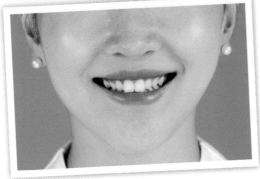

입

- 입의 양 꼬리가 올라가게 한다.
- 입은 가볍게 다물거나 윗니가 살짝 보이도록 한다.

바르지 않은 표정

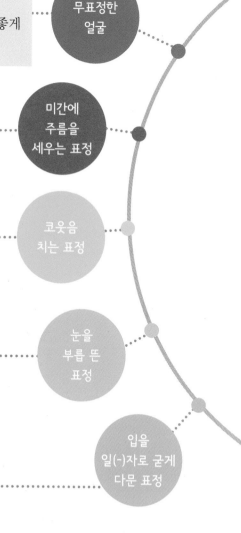

- 무표정한 얼굴은 상대방에게 불필요한 긴장감과 거리감을 유발할 우려가 있다.
- 항상 웃는 얼굴로 상대를 대하는 것이 서로의 기분을 좋게 하고 가까워질 수 있게 하는 제일 좋은 방법이다.

무표정한 얼굴

- 상대에게 자신의 표정이 어둡게 비춰진다.
- 상대를 대할 때는 미간에 힘을 풀고 밝은 미소를 보여 준다.

미간에 주름을 세우는 표정

- 상대방의 기분을 많이 상하게 한다.
- 자연스러운 웃음이나 호탕한 웃음으로 상대의 기분을 즐겁게 해주는 것이 효과적이다.

코웃음 치는 표정

- 상대방에게 두려움을 느끼게 할 소지가 있다.
- 눈에 힘을 풀고, 온화한 눈동자로 상대를 바라보는 것이 서로의 긴장을 해소할 수 있는 좋은 표정이다.

눈을 부릅 뜬 표정

- 무엇인가를 숨기는 듯한 인상을 줄 수 있다.
- 입의 근육을 이완시키고 자연스럽게 입을 벌리는 것이 상대에게 호감을 줄 수 있다.

입을 일(-)자로 굳게 다문 표정

웃을 때
작용하는 표정근

자연스럽고 아름답게 웃는 표정은 눈가나 볼 등의 근육들이 균형 있게 움직여져서 만들어진다. 웃음 띤 얼굴을 만드는 표정근은 안륜근, 대협골근, 소협골근, 구각거근, 소근, 구각하제근, 상순거근 등 7가지이다. 우리가 웃을 때 부자연스러워 보이는 이유는 이 중 일부 근육만을 사용하기 때문이다.

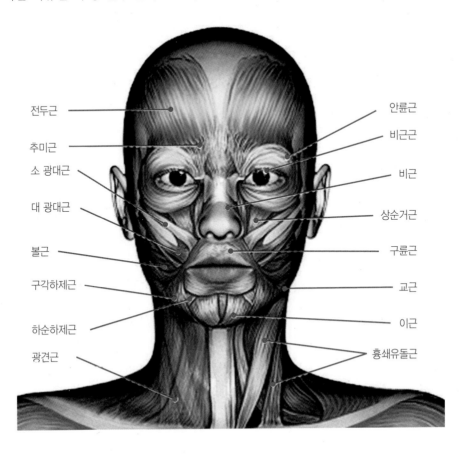

전두근
추미근
소 광대근
대 광대근
볼근
구각하제근
하순하제근
광경근

안륜근
비근근
비근
상순거근
구륜근
교근
이근
흉쇄유돌근

표정근
셀프 진단표

표정근을 제대로 사용하지 않으면 다음과 같은 증상이 나타난다. 도표를 보고 약해진 근육을 확인한 후 그 부위의 운동을 집중해 보자.

부위	증상	약해진 표정근
얼굴 이마 코	이마에 가로 주름이 있다.	전두근
	미간에 세로 주름이 있다.	추미근
	콧등에 잔주름이 있다.	상승비익거근
눈	눈꺼풀에 잔주름이 있다.	상안검
	눈밑 처짐이나 다크서클이 있다.	하안검
	나이에 비해 눈가에 주름이 많다.	안륜근
	윙크를 할 수 없거나 한쪽만 할 수 있다.	
	눈꺼풀이 푸석푸석한 느낌이다.	안와연
볼	코에서 입 양옆의 깊은 주름이 두드러진다.	상순거근
	웃을 때 표정이 굳어진다.	소협골근
	입 옆의 피부가 처져 있다.	소근
	음식을 먹을 때 입 안쪽을 씹는 경우가 있다.	협근
입	입술색이 칙칙하다. 입 언저리가 처지거나 주름이 눈에 띤다.	구륜근
	입꼬리가 아래로 쳐져 있거나 비뚤어져 있다.	구각하제근
	옆 얼굴선이 흐트러져 있다.	교근
턱	이중 턱이 신경 쓰인다.	이근과 이횡근, 이복근, 익돌근
	입 언저리에서 턱에 걸쳐 세로 주름이 있다.	하순하제근

예쁜
미소를 위한
안면 근육
운동

눈
운동

눈썹 상하운동

- 눈썹을 최대한 위로 올렸다가 원 위치로 내리는 것을 5회 반복한다.
- 양미간을 살짝 찌푸리면서 눈썹을 아래로 내리다가 원위치로 올리기를 5회 반복한다.

- 눈동자를 최대한 큰 원을 그리듯 돌린다. 한 방향으로 네 바퀴 돌려주고, 반대방향으로 네 바퀴 돌려준다.
- 눈동자를 최대한 위쪽을 보고 멈춘 뒤 3초 유지한고, 아래쪽을 보고 멈춘 뒤 3초 유지한다. 이번에는 최대한 왼쪽을 보고 3초 유지하고, 오른쪽을 보고 3초간 유지한다. 5회 정도 반복한다.
- 오른쪽, 왼쪽을 번갈아 가면서 윙크한다. 10회 정도 반복한다.

볼 운동

- 입을 다물고 볼 가득하게 공기를 넣는다. 공기를 오른쪽, 왼쪽, 위, 아래로
  보내며 반복한다.

입술 운동

- 입을 다물고, 양 입꼬리에 집게손가락을 대고 입술을 오므려 앞으로 쭉 내민다. 입꼬리를 위로 잡아당기는 느낌으로 양옆으로 밀어준다. 이를 반복한다.
- 큰 소리와 큰 입 모양으로 '아, 이, 우, 에, 오/하, 히, 후, 헤, 호'를 5회 반복한다.
- 위스키 발음으로 미소를 만들어 '키~' 소리를 내며 5초간 유지한다. 다시 미소를 짓고 15초간 유지한다.

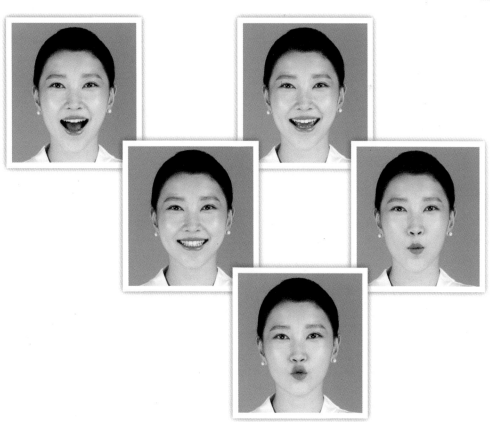

미소의 6가지 유형

'미소微笑'를 사전에서 찾아보면 소리 없이 빙긋 웃음이라고 적혀 있다.'눈빛'과 함께 '마음의 창'이라 불릴 수 있는 미소는 명확하고 또렷한 시선과 함께 푸근한 교감을 상대방에 전달하는 역할을 수행하기에 취업 면접, 프레젠테이션 등 원활한 커뮤니케이션이 요구되는 자리에서 큰 중요성을 가진다.

영국에서 불특정 남녀 2,000명을 대상으로 진행된 설문조사 결과를 보면, 여성 응답자의 50% 이상은 남자를 처음 볼 때 중요시하는 것이 '미소'라 답했고 남성 역시 여성을 처음 볼 때 가슴, 다리 같은 몸매보다는 입가의 미소를 유심히 본다고 답했다. 뿐만 아니라 이들 중 여성 67%와 남성 53%는 본인 미소가 정말 매력적인지 고민이라고 응답했다.

옥스퍼드 대학 심리학자이자 신체언어전문가인 피터 콜렛 박사에 의하면, 미소는 '뒤센 미소', '눈썹 간격 넓히기 미소', '눈썹 간격 좁히기 미소', '쓴 미소', '비밀 미소', '함박 미소'의 6가지로 세분화된다고 한다.

1. 뒤센 미소
19세기 프랑스 신경학자 기욤 뒤센이 발견해 그의 이름이 붙은 미소로, 가식 없이 자연스럽게 나오는 미소를 말한다. 이는 42개의 얼굴 근육 중 대협골근과 눈 둘레 안와근 등 두 개의 근육만 사용해주는 것으로 광대뼈 근육을 움직일 때 나오는 인위적 요소가 전혀 없는 것이 특징이다.

2. 눈썹 간격 넓히기 미소
뒤센 미소와 연결되는 이 미소는 눈과 눈썹 사이가 넓어지며 자연스럽게 치아가 드러나는 것으로 둘 다 상대방에게 꾸밈없는 솔직함과 복종의 의미를 전달해 취업 면접에서 적합한 미소라 정의할 수 있다.

3. 비밀 미소와 눈썹 간격 좁히기 미소
이 두 미소는 치아가 많이 드러나지 않고 눈에 힘이 들어간 상태에서 살짝 입 꼬리가 올라간 뒤 눈썹과 눈 사이가 좁아지는 형태로 둘 다 가볍게 보이지 않으면서 지적임이 강조된다. 그런데 여기에 상대방에 대한 호감도 잃지 않아 중요 회의에서 설득력 있는 발표를 요하거나 직장 내 승진을 앞뒀을 때 필요한 미소로 볼 수 있다.

4. '쓴 미소'
치아가 전혀 드러나지 않으면서 눈빛만으로 웃는 것인데 언뜻 보면 비밀 미소와 비슷한 것 같지만 이보다 더 스스로를 감추는 성향이 강하다. 자신의 마음을 들키지 않으면서 다른 누군가와 무언의 암시를 주고받을 때 적합하다.

5. '함박 미소'
입을 크게 벌린 뒤 매우 동적으로 웃는 것으로 주위 사람들에게까지 미소를 전염시키는 경우가 많다. 이 경우는 많은 수의 공감을 요하는 자리에서 타인에게 자신의 뜻에 동의를 구하고자 할 때 지어주면 효과가 크다.

출처: 서울신문

매력적인 미소를 만드는 법

① 미소가 예쁜 롤 모델의 사진을 거울에 붙여둔다.

② 아침, 저녁 거울을 보며 안면 근육 운동을 한다.

③ 긍정적인 마음으로 항상 웃으려 노력한다.

④ 핸드폰 액정의 사진을 밝게 미소 띤 자신의 사진으로 바꾼다.

⑤ 거울을 자주 보며 표정을 확인한다.

행복하기 때문에 웃는 것이 아니라, 웃어서 행복한 것이다.

– 윌리엄 제임스
(미국의 심리학자, 철학자)

미소 효과

- 인간관계를 좋게 한다.
- 긍정적인 이미지를 형성한다.
- 정신적, 육체적 건강에 유익하다.
- 업무의 실적을 증대시킨다.
- 삶을 윤택하게 한다.핸드폰 액정의 사진을 밝게 미소 띤 자신의 사진으로 바꾼다.
- 거울을 자주 보며 표정을 확인한다.

IMAGE MAKING FOR CABIN CREW

자 세

Chapter

04

바른 자세는 균형 잡힌 몸매를 만들며, 집중력을 높여 공부나 업무 효율에도 큰 영향을 미친다. 자세가 좋으면 키가 1~2cm나 커지는 경우도 있다. 뿐만 아니라 바른 자세는 그 사람의 이미지를 형성하는 데 중요한 역할을 한다. 바른 자세는 상대방에게 호감을 주며, 당당하고 자신감있어 보이게 한다. 그러므로 승무원에게 신뢰감을 주는 바른 자세는 필수적이다.

바른 자세의 중요성

이미지 측면

신체의 자세는 마음의 자세에서 비롯된다. 자세는 비언어적인 커뮤니케이션 요소 중의 하나로 바른 자세에서 인간적 신뢰와 성실한 이미지를 느끼게 되고 보는 사람에게 호감을 줄 수 있으나, 본인의 의도와 무관하게 바르지 않은 자세 때문에 상대방에게 좋지 않은 이미지를 전달할 수 있다.

건강 측면

바른 자세를 습관화하면 건강에도 이롭다. 척추는 우리 몸의 기둥이며, 인체의 각 기관과 모두 연결이 되어 있는데 자세가 바르지 않음으로 인해 척추에 무리가 가면 그 부분과 연결되는 다른 신체기관까지 해를 입게 된다. 건강한 삶을 위해 자세는 매우 중요하다.

- 머리를 옆으로 기울지 않도록 정면을 향하여 곧게 든다.
- 시선은 정면을 향하고 턱은 살짝 당겨 준다.
- 등이 굽지 않도록 일직선으로 허리를 세운다.
- 양 어깨가 수평을 이루도록 한다.
- 아랫배와 엉덩이에 힘을 주어 위로 끌어당긴다.
- 남성은 팔은 몸체에 붙이고, 손은 주먹을 살짝 쥐어 바지선에 붙인다.
- 여성은 오른손이 위로 가도록 하여 앞으로 모은다. 공수자세
- 엄지 발가락에 힘을 주어 무릎을 붙인다.
- 두 발의 뒤꿈치는 나란히 모으고 앞부리는 15도 정도 벌려준다.

 오래 서 있는 경우

여성 한발을 끌어당겨 발 뒤꿈치가 다른 발의 중앙에 닿게 하여 균형을 잡고 선다.

남성 오른손이 위로 오도록 양 손을 모아 가볍게 잡고, 오른손 검지를 왼손 엄지와 인지 사이에 끼워 아랫배에 가볍게 대고 양발을 허리 넓이로 벌려 선다.

바르지 못한 선 자세
- 짝발로 서있거나 안장 다리로 서있는 자세는 정갈해 보이지 않는다.
- 팔짱을 끼고 서있는 자세, 주머니에 손을 넣고 서있으면 타인에게 좋지 않은 인상을 주며 신뢰감이 떨어져 보인다.

바르게 앉는 자세

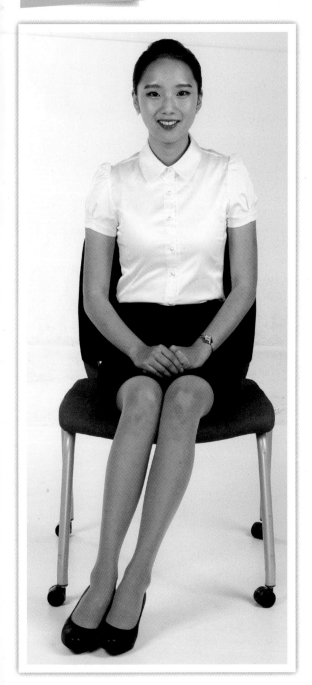

여성

- 한쪽 발을 반보 뒤로 하고 몸을 비스듬히 하여 어깨 너머로 의자를 보면서 한쪽 스커트 자락을 살며시 눌러 의자 깊숙이 앉는다.
- 뒤쪽에 있던 발을 앞으로 당겨 나란히 붙이고 두 발을 가지런히 모은다.
- 양 손을 모아 무릎 위에 스커트를 누르듯이 가볍게 올려놓는다.
- 어깨를 펴고 시선은 정면은 향하도록 한다.
- 의자 등에 등을 붙이지 않으며 약간의 간격을 유지한다.
- 일어설 때는 정면을 향해 양 발을 모은다.
- 한쪽 발을 뒤로 살짝 뺀 후 무릎 힘으로 한번에 일어나 뒷발을 모아 선다.

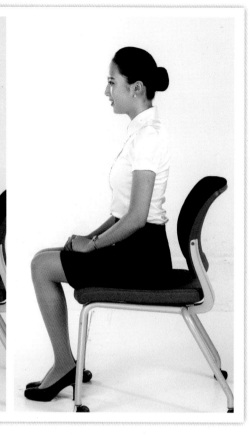

남성

- 의자의 반보 앞에 바르게 선 자세에서 한 발을 뒤로 하여 의자 깊숙히 앉는다.
- 발을 허리만큼 벌리고 양 손은 주먹을 각볍게 쥐어 양 무릎 위에 올린다.
- 어깨를 펴고 시선은 정면을 향하도록 한다.
- 의자 등에 등을 붙이지 않으며 약간의 간격을 유지한다.
- 일어설 때는 양쪽 발에 힘을 주어 한번에 일어선다.

바르지 못한 앉는 자세

- 앉을 때 여러 번에 걸쳐 부산하게 고쳐 앉으면 산만해 보이고 신뢰감이 떨어진다.
- 힘없이 축 처진 자세로 앉아 있거나, 허리를 구부정하게 앉아 있을 경우 척추에 나쁜 영향을 주며, 단정치 못한 이미지를 준다.
- 다리를 벌리고 앉거나, 짧은 치마를 입고 다리를 꼬고 앉은 경우 나쁜 인상을 줄수 있다.
- 다리를 의자 안 쪽으로 끌어 당겨 앉으면 다리가 짧아보인다.

바르게 걷는 자세

- 상체를 곧게 유지하고 발끝은 평행이 되게 하여 다리 안쪽과 바깥쪽에 주의하면서 발바닥이 보이지 않도록 직선 위를 걷는 듯한 기분으로 걷는다.
- 머리는 걸음을 옮길 때 유연하게 움직일 수 있도록 하되 유연한 선을 그리면서 높이 쳐든 상태를 유지한다.
- 어깨와 등을 곧게 펴고 턱은 당겨 시선은 정면을 향하고 자연스럽게 앞을 보고 걷는다.
- 배는 안으로 들이밀고, 엉덩이는 흔들지 않는다.
- 무릎을 지나치게 굽힌다든지 반대로 너무 뻣뻣해지지 않도록 걷는다.
- 남자는 보폭을 자신 있게, 여자는 무릎이 살짝 스칠 정도로 걷는다.
- 손은 손바닥이 안으로 향하도록 하고 팔은 뒤쪽으로 조금 더 보내는 기분으로 부드럽고 자연스럽게 두 팔을 동시에 움직이고 과도하게 흔들지 않는다.
- 보폭은 자신의 어깨 넓이만큼 걷는 것이 보통이나 굽이 높은 구두를 신었을 경우는 보폭을 줄인다.
- 신발은 끌지 않으며 발뒤꿈치, 발바닥, 발 앞꿈치의 순서로 지면에 닿게 걷는다.

바르지 못한 걷는 자세

- 바른 자세로 걸을 경우 자신감 있고 진취적으로 보이며 타인에게 호감을 줄 수 있다.
- 주머니에 손을 넣고 걷거나 몸을 건들건들 흔들며 걸을 경우 타인에게 좋지 않은 인상을 준다.
- 팔자걸음은 허리디스크와 무릎 통증에 영향을 미치고, 타인에게 좋지 않은 인상을 남기게 된다.
- 안짱걸음을 할 경우 무릎이 안쪽으로 휠 수 있으며 다리가 기울게 되어 골반과 허리까지 안 좋은 영향을 미친다.
- 지나치게 높은 굽을 신어 무릎을 굽히고 걷는 경우 부자연스러워 보인다.

바른 자세 만드는 8가지 수칙

1 머리에 왕관을 써라

상속자들만 왕관을 쓰는 것이 아니다. 올바른 걷기 자세를 위해서는 모든 사람이 투명 왕관을 써야 한다. 왕관이 흘러내리지 않게 턱은 지면과 평행이 되도록 들어 전방을 바라보며 곧은 자세를 유지하고 적당한 보폭으로 걷는다.

2 무게중심을 뒤에 두고 약간은 거만해져라

바른 자세를 위해서라면 약간은 거만한 태도를 취하는 것이 좋다. 어깨를 앞으로 굽히거나 허리를 숙이면 무게중심이 앞쪽으로 쏠려 등과 허리 근육에 무리를 주게 된다. 걷거나 서 있을 때는 허리와 등을 쭉 편 상태로 어깨를 조금 위로 젖히는 자세를 유지한다.

3 어깨에서 힘을 빼라

목에서 팔로 이어지는 어깨 통증은 근육이 장시간 과도하게 수축되어 발생하는 경우가 많다. 운전이나 컴퓨터를 할 때 머리와 목을 몸 앞쪽으로 빼고 있으면 목 뒤 근육과 목과 어깨로 이어지는 등세모근이 수축하게 된다. 이런 자세가 지속되면 어깨에 힘이 잔뜩 들어가 혈액순환이 나빠져 목과 어깨에 통증이 생긴다. 앉을 때는 어깨에 힘을 빼고 턱은 살짝 당긴 상태에서 목을 몸과 일직선이 되게 해야 이를 예방할 수 있다.

4 TV는 눈 아래에 둬라

척추는 목을 높이 받칠수록 휘는 각도가 심해져 스트레스를 받는다. 따라서 TV의 위치는 눈높이보다 약간 낮은 곳에 두어 목을 바로 세운 상태에서 편안하게 내려다볼 수 있도록 한다. 컴퓨터 모니터 역시 시선이 15~30도 정도로 아래쪽으로 향하는 것이 좋다. 모니터와의 거리는 40~60cm 정도가 적당하다.

5 양쪽의 균형을 맞춰라

무거운 가방을 한쪽 팔로만 들거나 한쪽 어깨로만 매면 어깨 비대칭이 생긴다. 한쪽 다리만 지속적으로 꼬는 경우에는 골반이 기우뚱해지며 척추와 어깨뼈까지 기울게 된다. 이를 막으려면 배낭을 사용하거나 양쪽 어깨에 번갈아가며 메는 것이 좋고, 다리는 가지런히 모으고 앉는다. 다리를 꼬는 습관을 고치기 힘들다면 번갈아가며 꼬아 앉기라도 한다.

6 목은 C, 허리는 S라인을 유지한다

우리 몸라인속에는 알파벳이 숨어 있다. 목은 C자, 허리는 S자다. 목의 C자 라인을 유지하려면 똑바로 누운 자세로 수면을 취하는 것이 좋고 낮은 베개를 사용한다. 허리의 S라인을 유지하기 위해서는 의자에 앉을 때는 허리 뒤에 쿠션을 받치고 앉을 것.

7 바른 자세도 1시간 이상은 독이다

바른 자세라 하더라도 같은 자세를 1시간 이상 그대로 유지하는 것은 피한다. 장시간 같은 자세를 취하면 근육과 관절이 긴장하기 때문이다. '1시간 유지, 10분 휴식'이라는 규칙을 세워 이를 지키도록 한다.

8 수시로 온몸을 쭉쭉 늘려라

바른 자세와 스트레칭은 떼려야 뗄 수 없는 사이. 스트레칭은 신체의 유연성을 향상시키는 최고의 방법이다. 또한 신진대사를 활발하게 만들고, 생활 속에서 움직이지 않는 근육까지 수축이완시켜 지방 축적도 막아준다. 가장 중요한 것은 매일 꾸준히 해야 효과를 본다는 사실이다.

인사란 인간관계의 시작이며 끝이기도 하며 상대방에 대한 존중의 표현이다.또한 성공적인 인간관계의 열쇠이기도 하다.

인사人事는 한자로 사람 인人 일 사事를 쓴다. 사事자에는 '사람의 일'이라는 뜻 말고도 '섬기다'라는 뜻도 담겨 있다. 즉 인사란 사람의 일이며 상대방을 존중과 배려로 섬긴다는 의미를 가지고 있다.

인사는 상대에 대한 표현이기도 하다. 만일 상대를 보았는데 못본척한다면 상대는 얼마나 무안할 것인가? 그것은 상대를 완전히 무시하는 처사가 되므로, 무시당한 사람이 즐거운 모습을 보이기 힘들 것이다. 받는 사람에게 생기, 활기, 살아가는 의욕을 불어넣어주는 것이 바로 '인사'이다.

'안녕하십니까?', '반갑습니다', '좋은 아침입니다', '부탁합니다.'와 같은 말이 자연스럽게 나올 수 있도록 습관화해야 한다.

인사의 의미

- 인간관계가 시작되는 신호
- 상대방에 대한 친절과 존경심
- 스스로 이미지를 높이는 기준
- 자신의 PR, 장점부각
  - 잘하면 자신의 브랜드가치 UP
  - 잘못하면 안 한것만 못함

인사의 마음가짐과 자세

- 정성과 감사의 마음을 가진다.
- 예절 바르고 정중하게 인사한다.
- 얼굴의 표정은 밝게 하고, 상냥하게 인사한다.
- 몸가짐은 단정히 하여 인사한다.
- 인사의 기회는 극히 순간적이므로 시기를 놓치지 말고 적기에 행한다.
- 상대가 "나의 인사를 받아 줄 것인가"라는 생각은 절대 금물이다.
- 인사는 당당하고 자신있게 해야 한다.

인사의 종류

목례 (15도 인사)

- 복도, 엘리베이터, 계단, 화장실 등의 좁은 공간에서 마주쳤을 때
- 상사가 주재하는 회의, 면담, 대화의 시작과 끝에
- 한번 인사를 한 상사를 또 다시 만난 경우에

보통례 (30도 인사)

- 평상시 웃어른이나 상사에게 인사를 드릴 때
- 일반적으로 만나고 헤어질 때
- 손님을 맞이할 때

정중례 (45도 인사)

- 감사의 뜻을 표할 때
- 잘못된 일에 대한 사과를 할 때
- 직위가 높거나 존경하는 분을 만났을 때
- 손님을 배웅할 때

① 목과 허리가 일직선이 되도록 정면을 향해 바른 자세로 서고 턱을 살짝 당기고 자연스럽게 미소 짓는다.

② 남성은 주먹을 살짝 쥐어 바지 재봉선에 붙이고, 여자는 두손을 모아 공수자세를 취한다. 양 발의 발꿈치를 붙인 채 발모양을 V자 형태15도 각도로 한다.

③ Eye-contact 하며 인사말이 끝남과 동시에 상체가 내려간다.

④ 머리, 등, 허리가 일직선이 되도록 상체를 굽히고 굽힌 상태에서 1초간 멈춘다. 이 때 시선은 약 1m 전방을 본다. 허리를 굽힐 때보다 천천히 상체를 든다.

구령은 1, 2에 내려가고 3에 멈춘 후, 4, 5, 6에 굽힌 상체를 든다.

⑤ 인사 후에는 눈을 맞추며 밝은 표정을 유지한다.

인사말

• 인사말은 밝고 명확하게 실시한다.
• 객실승무원은 인사와 더불어 상황에 맞는 자연스러운 인사말을 구사할 수 있어야 한다.
• 간결하면서도 정성된 마음을 전할 수 있는 함축적인 인사말을 하도록 한다.

안녕하십니까.

어서 오십시오.　　　　　　　(환영하는 마음) 30도

무엇을 도와드릴까요.　　　　(봉사하는 마음) 15도

감사합니다.　　　　　　　　(감사하는 마음) 45도

죄송합니다.　　　　　　　　(반성하는 마음) 45도

안녕히 가십시오.　　　　　　(재회를 기대하는 마음) 30도

상황에 맞는 인사말

날씨　더운 날씨에 건강하십니까?
눈 때문에 오시기에 불편하셨지요?

칭찬　오늘 유난히 얼굴빛이 밝아 보이시네요.
넥타이가 너무 잘 어울리십니다.

취미　어제 캠핑은 즐거우셨나요?
어제 낚시에 대어 낚으셨나요?

식사　정말 맛있었습니다. 감사합니다.
다음엔 제가 맛집으로 모시겠습니다.

바르지 못한 인사

• 인사를 할까 말까 망설이다 쭈뼛거리며 하는 인사
• 고개만 까딱하는 인사
• 무표정하게 말로만 하는 인사
• 공손이 지나친 인사
• 쑥스럽다고 몸을 비틀거리는 인사

아시아나항공 광고에서 보는 인사_다짐편

"안녕하십니까"
"안녕히 가십시오"

저희가 고객분들게
가장 많이 하는 말입니다.

가장 기본이지만
가장 소중한 말

마음 깊이 새기며
정성을 다하겠습니다.

IMAGE MAKING FOR CABIN CREW

승무원의
Skin Care
& Make-Up

승무원의 단정하고 세련된 이미지를 구현하는 데 있어 메이크업, 헤어, 의상, 네일 등 그 어떤 것도 소홀히 할 수 없는 요소들이지만, 첫인상을 형성하는 데 있어 가장 중요한 시작은 깨끗하고 밝은 피부가 표현되도록 관리하는 것이다. 승무원의 깔끔함은 피부에서 나온다고 해도 과언이 아닐 정도로 피부는 인상을 좌우하는 커다란 요소이다.

기내환경에 따른 피부 관리

비행기 기내는 보통 23~25도의 온도로 적절하게 조절되며, 습도는 15% 내외로 상당히 건조한 환경을 가지고 있다. 무의식 중에 우리 몸의 수분이 증발하여, 피부 및 눈이나 코의 점막이 건조해져 불편함을 느낄 수 있다. 이에 보통의 건강한 피부를 가지고 있는 사람도 건조한 기내환경에 장시간 노출될 때 신경써야 할 부분은 수분의 공급이라 할 수 있다.

최근 항공사 승무원 면접에서는 면접관 가까이로 불러 피부를 살펴볼 뿐만 아니라, 일부 국외 항공사의 면접에서는 메이크업으로 피부 결점을 가리지 않은 상태의 본래의 피부상태를 확인한다는 것은 잘 알려진 이야기이다.

인간의 피부는 18세 전후로 눈에 보이지 않는 노화가 시작되어 25세 이후부터는 눈에 보이는 노화가 진행된다. 이에 피부 손질을 잘 하지 않고 게을리 하면 각질이 쌓이면서 거칠고 지저분한 피부로 변해간다는 것은 당연한 일임을 명심하고 평소에 기본 스킨케어를 꾸준히 하여 맑고 깨끗한 피부를 가질 수 있도록 관리를 하여야 한다. 피부 관리를 잘 하기 위해서는 본인의 피부타입을 정확히 분석하고 관리하는 것이 첫 시작이다.

기내에서의 피부 수분공급

» 피부를 촉촉하게 해주는 보습제나 워터 스프레이를 사용하여 충분한 수분을 공급해 주기

» 커피나 홍차 등의 카페인 함유 음료 섭취는 몸의 수분을 더 잃게 하므로 생수, 주스 등으로 수분을 보충해주기

유 · 수분 상태에 따른 피부타입 및 관리요령

피부 타입	특 성	타입별 관리요령
건성 피부	• 세안 후 피부가 많이 당기고 얇아 피부결이 섬세해 보임 • 잔주름이 쉽게 생기고 피부 노화가 급격히 나타남	• 영양과 보습에 중점을 두고 에센스나 오일로 관리 • 장시간의 사우나 지양
지성 피부	• 여드름이 잘 생기고 콧망울 주위가 번들거림이 심함 • 모공이 확대되어 있고 메이크업이 잘 받지 않음	• 피부 청결에 주의하여 딥 클린징과 이중 세안 실시 • 알코올 함유 토너 사용하고, 오일과 유분의 함양이 높은 제품 지양
중성 피부	• 피부밸런스가 여름에는 지성피부의 경향, 겨울에는 건성피부의 경향을 보임 • 다른 부위보다 T존의 모공이 넓은 편임	• 계절에 따라 피부상태에 따른 제품 사용의 유연성 갖기
복합성 피부	• 얼굴에 두 가지 이상의 피부타입을 보임	• 유분이 많은 T존은 청결에 주의 • 건조한 U 존은 보습이 필요
민감성 피부	• 온도, 습도 등의 환경적 변화나 이물질의 자극에 민감하게 반응	• 피부 자극이 적은 제품의 사용 • 화장 도구의 청결한 사용 주의

승무원 Make-up

메이크업을 한다는 것은 본인의 얼굴을 아예 다른 사람으로 표현되게 바꾼다는 의미가 아니라, 자신의 장점을 잘 부각시키고 단점을 최소화하여 내면의 아름다움과 함께 자신감을 갖게 하는 일종의 테크닉적인 측면이다.

보통 장거리의 국제선을 비행해야 하는 승무원의 경우, 한 편의 스케줄을 다 마치기 위해서는 브리핑 시간에 맞추어 집에서 준비하고 나오는 시간을 포함하여 거의 20시간 정도를 풀 메이크업을 한 채로 근무에 임해야 한다, 비행 중간의 여분의 시간을 활용하여 잠깐 수정하는 정도는 가능하나, 처음부터 다시 지우고 시작할 시·공간적 여유가 없기 때문에 처음부터 단계에 맞추어 꼼꼼하게 화장을 함으로써 긴 비행시간에도 잘 지속되도록 해야 한다.

메이크업의 순서

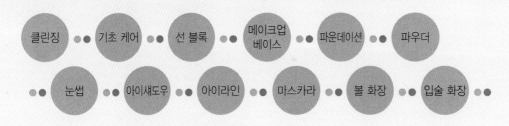

클린징 · 기초 케어 · 선 블록 · 메이크업 베이스 · 파운데이션 · 파우더

눈썹 · 아이섀도우 · 아이라인 · 마스카라 · 볼 화장 · 입술 화장

아무리 좋은 피부를 가지고 있다 하여도 단계에 따른 화장을 하지 않으면 장시간의 비행 근무에 자칫 창백하고 혈색이 없는 승무원의 모습으로 비추어 질 수 있다.

Cleansing

깨끗하고 촉촉한 피부를 만들기 위해서는 꼼꼼한 클린징과 올바른 스킨케어가 기본이다.

클린징은 메이크업 및 피지, 먼지 등을 완벽하게 피부에서 제거하는 것으로 혈액 순환, 피부의 컨디셔닝, 트리트먼트 준비단계로서의 기능도 갖는다. 제품은 피부 타입에 따라 워터, 로션, 크림, 오일 등으로 나뉘며, 다음과 같은 특성이 있다.

클린징의 종류

- **클린징 워터**: 가볍고 시원한 느낌으로 화장의 정도가 가벼울 때 사용하며, 화장솜에 묻혀 볼, 이마, 턱, 코 등의 순서로 피부결에 맞추어 지워준다.
- **클린징 로션**: 사용감은 산뜻하나 세정력은 크림보다는 약하고, 내추럴한 메이크업을 지울 때 좋으며, 민감성 피부에 알맞다.
- **클린징 크림**: 화장이 다소 진할 때 사용하며, 마사지 효과도 동시에 갖기도 하며 중·건성 피부에 적당하다.
- **클린징 오일**: 짙은 화장을 지울 때 효과적이며, 건성 피부를 가진 사람에게 적당하다.

그 외에, 페이셜 스크럽같은 천연 곡물 등의 알맹이가 함유된 클린징 폼으로 모공 속의 깊은 노폐물을 주 1~2회 제거해주는 것도 각질 제거에 효과적이다.

클린징을 효과적으로 도와주는 도구들
모공세안브러시는 클린징할 때 세안제와 같이 사용하면 모공세척과 블랙헤드, 각질제거에 더 효과를 준다. 안에서 밖으로 원을 그리듯이 세안하며 3분여 정도 사용하는 게 좋다. 사용 후 잘 세척하여 건조시켜 위생적으로 사용하도록 한다.

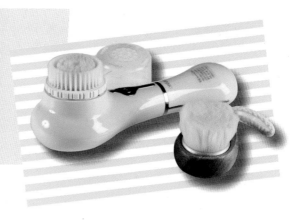

- 가장 많은 색조 메이크업을 사용하는 부위로, 아이 리무버와 립 리무버를 이용하여 그만큼 세심하게 꼼꼼히 지워서 피부에 얼룩이 남아 색소가 침착되지 않도록 하는 것이 중요하다.
- 리무버를 듬뿍 묻힌 화장 솜을 색조 화장이 묻어있는 눈두덩에 덮고 30초 정도 기다렸다가 위에서 아래로 쓸어내리듯이 지워준다.
- 리무버를 면봉에 묻혀서 점막 사이사이까지도 꼼꼼하게 제거해준다.
- 입술 역시 리무버를 묻힌 솜을 10초 정도 얹었다가 깨끗이 지워준다.

색조화장 단계별 지우기

1. 화장솜으로 메이크업 리무버를 듬뿍 묻힌다.
   → 눈 부위는 얼굴의 다른 피부부위보다도 더 민감하므로 최소한의 자극으로 색조화장을 제거해야 한다.

2. 리무버 성분이 피부에 충분히 침투되어 자극없이 제거될 수 있도록 30초 정도 기다린 후, 위에서 아래로 쓸어내리듯이 닦아준다.

3. 언더라인부분도 좌우로 문질러 지워준다.

4. 엄지와 검지 손가락으로 화장솜을 접어 속눈썹을 덮이도록한 후 쓸어내리듯이 마스카라를 지워준다.

- 메이크업은 하는 것보다 지우는 것이 더 중요하다는 말이 있듯이 최적의 피부 상태를 유지하기 위해서는 지워내는 방법도 중요하다. 피부 결에 따라 안쪽에서 바깥쪽으로 마사지하듯 모공 속의 파운데이션 잔여물을 신속하게 빼준다.
- 너무 오랜 시간의 클린징 시간은 오히려 더러운 물질을 모공 속으로 침투시켜 피부 트러블을 유발할 수 있다.
- 2분 이내를 넘기지 말아야 한다.

올바른 세안법

1단계 미지근한 물로 모공을 열어준다(35도 내외의 체온 온도가 적당).

2단계 손에서 거품을 충분히 만들어 피부 마찰을 줄인다.

3단계 손동작은 중앙에서 바깥쪽으로 피부 결을 따라하며, 아래에서 위로 쓸어 올리듯이 씻어낸다.

4단계 흐르는 물에 적어도 20번 이상은 헹구어낸다.

5단계 수건으로 닦을 때 문지르지 말고 톡톡 두드리듯이 닦아낸다.

Basic
Skin-Care

피부관리의 가장 기본이 되는 기초 제품의 선택은 자신의 피부 타입과 연령에 따라 매우 신중하게 선택해야 하므로, 전문가의 도움을 받는 것이 좋다.

기초 스킨케어의 제품들은 피부를 청결히 해줄 뿐 아니라, 외부 환경으로부터 피부를 보호하며 피부에 영양과 보습을 공급한다.

Toner

보통 스킨이라고 불리는 토너는 메이크업 시작의 첫 클린징 단계로서 피부결 정돈, 피부의 PH 발란스를 맞추어주는 역할을 한다.

우리 피부는 PH 4.5~6.5의 약 산성일 때 외부의 침입으로부터 가장 안정적이고 이상적인 상태라고 할 수 있다. 따라서, 토너를 사용할 때는 반드시 화장솜에 묻혀 얼굴 중심부에서 바깥 방향으로 닦아낸다. 제품을 시원하게 보관하는 것도 모공 수축과 청량감에 도움이 된다.

Tip

세안 후, 1분 이내에 스킨케어 제품을 사용해야 보습효과를 극대화시킨다. 물기가 마르고 수분률이 떨어질 때까지 피부를 방치하는 것은 노화로 가는 지름길!

Eye Cream

눈 주위는 피지가 거의 없기 때문에 얼굴에서도 가장 얇고 섬세한 조직이며 다른 조직보다도 노화가 빨리 오는 곳으로, 대면 서비스에 종사하는 승무원은 눈 주위의 관리가 더 필요하다고 할 수 있다. 아이크림을 바르는 시기는 보통 20대 초반부터 시작하는 것이 좋으며, 눈 아래만이 아니라 눈 위, 좌우에도 소량을 약지에 덜어 손에 힘을 빼고 자극을 주지 않는 범위에서 가볍게 두드리듯이 발라준다.

Essence

수분과 영양을 공급하는 데 아주 좋은 아이템으로 수분이 부족한 기내에서 근무하는 승무원에게는 필수 제품이다. 에센스는 비타민, 콜라겐, 엘라스틴 등의 피부 영양 성분을 고농축화한 기능성 제품으로, 수분 공급을 위주로 하는 일반 에센스에서, 재생이나 특수 효과를 보이는 앰플까지 그 종류와 기능이 다양하다.

손 등에 2회 정도 펌핑 후, 볼, 이마, 턱 등 얼굴 전체에 나누어 가볍게 두드리며 패팅하여 흡수시키며, 피부 타입과 목적에 따라 사용법을 잘 알고 사용한다.

로션 및 영양크림

로션은 피부를 촉촉하고 부드럽게 만들어주는 역할을 하는 것으로, 토너와 에센스 단계 뒤에 수분 보호막을 강화시킴으로써 유수분의 밸런스를 지속시킬 수 있다. 젊은 층에서는 피지량이 많아 유분이 많은 크림은 생략하고 로션으로 마무리하기도 한다.

썬 블록

썬 블록의 사용은 화장이 아니라고 생각하여 세안에 소홀하기 쉬운데 사용 후, 세안하는 것 잊지마세요.

피부노화 방지에 필수 제품으로 피부과 의사들은 3세 이후의 아기때부터 사용을 권장한다. 여름철에는 SPF 30~50, 겨울철에는 15~25 사이가 가장 무난하다.

피니셔, 픽셔의 효과
스킨케어 마무리 단계에서 사용하면 피부 본연의 자연스러운 윤기를 살려주고 베이스 메이크업의 지속력을 높여줄 수 있다.
– 피부 보습력을 지켜주고 메이크업의 밀착력을 UP
– 스킨케어만으로도 자연스러운 광택을 피부 전체에 표현하여 생생한 윤기 부여

스킨케어를 꼼꼼히 한 후, 피부 표면을 균일하게 정돈하여 자연스럽고 윤기있는 피부표현을 해주는 베이스 메이크업 단계로 넘어간다. 베이스 메이크업의 가장 큰 역할은, 각자 가지고 있는 본인의 피부색을 정확히 분석하여 피부톤을 깨끗하게 조절해주고 다음 단계인 파운데이션의 지속력을 유지시켜주는 것이라 할 수 있다.

최근에는 메이크업 베이스와 썬블럭, 파운데이션의 모든 기능을 다 가지는 제품들이 많이 나와 간편하게 하나의 제품으로 피부표현을 마무리하기도 하나, 장시간 비행을 하는 승무원들에게는 단계별로 꼼꼼히 피부표현을 해주는 것이 메이크업의 지속력을 높여준다.

Make-Up Tools

1 아이브로우 브러시

브러시의 끝부분이 사선모양으로 본인의 눈썹에 가장 근접한 컬러의 아이브로우 섀도우를 묻혀서 눈썹의 형태를 잡아준다. 다크 브라운 계열이나, 다크 그레이 계열이 적합하다.

2 노즈 섀도우용 브러시

눈썹 앞 머리 부분에서 코로 이어지는 부분에 살짝 연결시켜준다는 느낌으로 음영을 주면 콧대가 더 살아나서 얼굴 윤곽이 또렷하게 보인다. 이 때, 너무 음영을 세게 주어 무대화장같은 부자연스러운 느낌을 주어서는 안 된다.

3 베이스 브러시

브러시가 납작하고 넓은 것으로 아이 메이크업에 쓰이는 브러시이며, 미색이나 흰색의 섀도우를 묻혀 가장 먼저 눈 전체의 기본 바탕색을 표현할 때 사용한다.

4 메인 브러시

베이스 브러시보다는 좀 더 폭이 작은 것으로 눈두덩이의 1/3 정도로 원하는 섀도우 색상을 묻혀 경계선이 티가 타지 않게 부드럽게 표현해준다.

5 포인트 브러시

아이라인을 그리기 전에 라인을 그리듯이 표현해주어 다음 단계인 아이라인이 번지는 것을 방지하고 포인트를 줄 수 있다.

6 눈썹 에보니 펜슬

눈썹 전용 펜슬인 에보니 펜슬은 다른 펜슬과 달리 유분기가 적어 눈썹을 그렸을 때 지속력이 오래 유지되어 장시간 비행의 승무원에게 적합하다.

7 스폰지

메이크업 베이스 및 파운데이션을 펴주는 데 사용하며, 깨끗하고 밀착력을 좋게 하는 도구로서, 넓은 부위에는 둥근 것을 사용하고 코와 같은 좁은 부위는 끝 부분이 각진 것을 사용해야 꼼꼼하게 표현될 수 있다. 자주 세척하여 오염 물질이 다시 피부에 흡착하지 않도록 주의한다.

8 퍼프

가루 타입의 파우더를 바를 때 사용된다.

1 프라이머

최근에는 전체 메이크업 단계에서 가장 중요한 피부표현을 균일하고 매끄럽게 해주는 데 많은 도움을 주는 제품들이 나와 있는데, 프라이머가 바로 그 것이다.

메이크업 베이스나 파운데이션 전 단계에서 사용하며, 울퉁불퉁한 모공을 막아주어 피부의 결을 고르게 해줌으로써 피부를 아름답게 표현해준다. 또한, 얼굴의 미세한 주름이나 결점들을 매끈하게 커버해주고 메이크업이 쉽게 지워지는 것도 막아주는 기능을 가진다.

2 메이크업 베이스

메이크업 베이스의 종류에는 리퀴드 타입, 크림 타입, 젤 타입 등이 있으며, 본인의 피부 타입에 따라 색상을 선택하면 된다.

- 여드름 등의 자국으로 얼굴에 붉은 기가 많이 감도는 사람에게는 그린계열이 적합함
- 혈색이 창백한 사람에게는 핑크 계열이 적합함
- 전반적으로 피부색이 황색을 띠어 노란 경우, 화사하게 보이는 보라계열이 적합함

③ 컨실러

여드름, 다크써클, 잡티 등 피부 결점을 커버하는 데 사용하는 것으로 피부 밀착력은 좋으나, 자칫 두껍게 표현되기 쉬우므로 다른 피부 부위와 경계가 생기지 않도록 소량으로 꼼꼼히 발라준다. 종류로는 펜슬타입, 스틱 타입, 크림, 리퀴드 타입 등이 있으며, 얼굴 전체의 피부톤보다 부분적으로 짙은 부위인 점, 지저분한 잡티 등에 바르므로 본래 피부톤보다 한 단계 밝은 밝은 톤을 이용하여 그 부분이 어두워 보이지 않게 한다.

 Tip

승무원들은 장시간 근무에 피부가 얇은 눈 밑 부분이 어두워지는 경우가 많으므로, 약지를 이용하여 톡톡 두드리듯 잘 펴 바른다. 너무 많은 양의 사용은 건조한 환경에 노출되며 장시간 고객에게 웃으며 응대하는 승무원에게는 주름을 많이 보이게 할 수 있으므로 피해야 하며, 적당한 양을 사용해야 한다.

주의하세요!

메이크업의 단계를 줄여 간편하게 사용할 수 있는 BB크림이나 CC크림은 피부가 좋은 사람들에게는 편리한 제품으로 여겨질 수 있으나, 단계에 따른 꼼꼼한 화장이 이루어지지 않으면 긴 비행시간에 피부의 피로와 번들거림으로 인해 단정하고 깨끗한 이미지를 잃을 수 있다.

④ 파운데이션

승무원은 오랜 비행에도 처음과 같이 화사하고 깨끗한 화장을 유지해야 하는 것이 중요하므로 단계별로 꼼꼼히 화장을 해주어야 하는데, 메이크업 베이스 다음 단계인 파운데이션의 사용이 중요하다. 메이크업 베이스와 마찬가지로 피부 결점과 기미, 반점 등의 커버에도 효과적일 뿐 아니라, 자외선이나 추위, 오염 등의 외부 자극으로부터도 피부를 보호해주고 전체적으로 얼굴의 윤곽을 수정해주어 다음 단계인 색조 메이크업을 돋보이게 해준다.

파운데이션은 얼굴 부위에 따라 그 양을 조절하여야 윤곽을 살리면서도 자연스러운 화장을 연출할 수 있다. 스펀지 퍼프를 이용하여 얼굴의 넓은 면부터 좁은 부위로, 중앙에서 바깥쪽으로 펴바르며, 한 번에 너무 많이 바르기보다는 소량을 덜어 여러 번 덧발라야 자연스럽게 피부가 표현된다. 비행 중에는 유분기 제거나 보정 시, 파우더 팩트 등을 사용하면 좋다.

다음은 파운데이션의 종류이다.

리퀴드 파운데이션

적당한 수분과 커버력을 가지고 있어서 자연스런 피부 표현에 적합하나, 전체적으로 피부 결점이 많은 사람에게는 커버력이 약할 수 있다. 회사마다 농도의 차이가 있으므로 본인의 피부상태에 맞게 잘 선택한 후 얼굴에 발라보고 결정한다.

크림 파운데이션

얼굴 전체에 잡티가 있는 피부에 적합한 제품으로 커버력이 우수하며, 적당한 유분기를 함유하고 있으므로 건성 피부에 적합하다. 화장이 뭉쳐서 표현되지 않게 소량을 여러 번 덧발라서 깔끔하게 표현해야 한다.

스틱 파운데이션

커버력이 가장 강하고 지속력이 우수하여 전문가용으로 많이 사용되며 두껍게 표현되어 피부에 무리를 줄 수 있으므로 장시간 비행에 임해야 하는 승무원에게는 피부에 무리가 가는 단점이 있다.

트윈 케익 파운데이션

사용이 간편하고 휴대가 편리하여 많이 사용하는 제품으로 중간 정도의 커버력을 지니고 있으며 여드름 피부나 피지가 많은 여름에 사용하기에 적당하다.

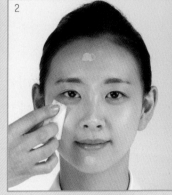
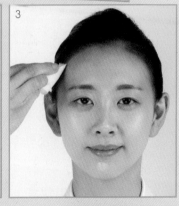

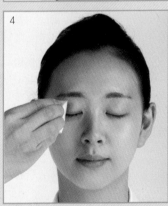
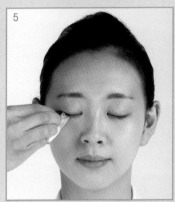
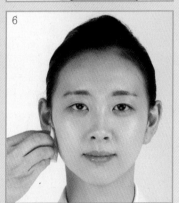

일루미네이터

빛의 볼륨감으로 입체적인 페이스 연출하여
피부톤의 칙칙함을 잡아주고 투명한 광채로
윤기있고 건강한 피부로 표현해준다.
파운데이션과 1:1의 비율로 혼합하여 사용
하면 은은한 광채의 생기있는 피부를 유지할
수 있다.

5

파우더

파운데이션으로 피부에 남아있는 유분기를 잡아주어 보송한 피부를 유지시키며 썬 블록의 기능이 있어 자외선으로부터 피부를 보호해주는 역할도 한다.

가루를 압축하여 눌러놓은 pressed powder, 가루 상태의 loose powder, twin cake 등의 종류가 있으며, 단계별 메이크업을 꼼꼼히 하는 단계에서는 입자가 고운 loose powder의 사용을 권장하며 비행 중에는 휴대와 사용이 간편한 pressed powder의 사용을 권한다. twin cake는 파운데이션 위에 사용할 시, 피부 표현이 두꺼워 보일 수 있으므로 최근의 자연스러운 피부 표현을 선호하는 추세에서 조심해야 할 부분이다.

바르는 방법은 두드리거나 문지르지 말고 피부에 밀착시키듯이 누르면서 피부 뭉침을 예방한다.

파우더 바르기

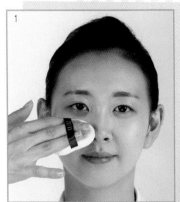
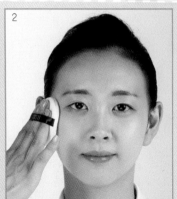

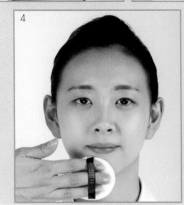
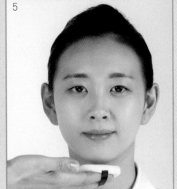

Tip

파우더 바르기(색상의 선택)
» 보라 파우더: 화사한 분위기 연출에 적당
» 흰색 파우더: 자연스럽고 투명한 환한 피부 표현

Eye Make-Up

깨끗하게 정돈된 환한 피부 위에 자신만의 컬러로 원하는 이미지를 연출하여 매력적인 인상을 만드는 것이 색조 메이크업의 중요 역할이다. 승무원의 유니폼에 어울리는 컬러를 잘 선택하여 전체적인 조화를 이루어 그 회사의 좋은 이미지를 배가시키는 것이 중요하다.

1 눈썹 그리기

예쁘게 정돈된 눈썹은 얼굴의 이목구비를 또렷하게 보이게 하며 얼굴의 크기나 형태까지도 다르게 보이게 할 수 있으므로 얼굴형에 맞게 눈썹의 모양과

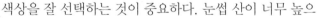

색상을 잘 선택하는 것이 중요하다. 눈썹 산이 너무 높으면 부드러운 느낌이 부족해져 날카로운 인상을 줄 수 있으며, 눈썹을 너무 얇게 그리면 고루한 인상을 줄 수 있다. 길이와 폭과 컬러의 조화를 잘 이루어 얼굴 전체의 중심을 잘 잡아주는 것이 이미지 연출에서 중요한 부분이다.

눈썹 그리기

» **눈썹 머리(A):** 콧망울과 눈머리가 일직선이 되는 부분에서 눈썹 머리를 시작한다.

» **눈썹 산(B):** 전체 눈썹 길이에서 약 2/3지점으로 콧망울에서 눈동자 끝부분을 사선으로 연결한다는 느낌으로 위치를 찾아낸다.

» **눈썹 꼬리(C):** 콧망울과 눈 꼬리 부분을 사선으로 연결하여 끝나는 부분을 찾아낸다.

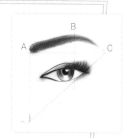

눈썹 손질 및 그리기

1단계: 지저분하게 보이는 눈썹을 정리하는 단계로 눈썹용 빗으로 아래 방향으로 쓸어서 빗는다.

2단계: 눈썹용 가위로 빗질 상태에서 밖으로 삐져나온 부분을 잘라낸다.

3단계: 본인의 얼굴에 어울리는 이미지로 만드는 단계로 원하는 형태의 눈썹은 남겨두고 불필요한 부분을 눈썹 전용 칼로 민다. 족집게를 이용하여 눈썹을 뽑을 수도 있으나 자극이 될 수 있으니 눈썹 칼을 이용하여 먼저 민 후 다듬는 작업에서 정리하는 용도로 사용하는 것이 좋다.

4단계: 눈썹의 숱이 많은 사람은 펜슬로 정리해주는 느낌으로, 숱이 적은 사람은 섀도우를 이용하여 눈썹의 빈 곳을 채워나가며 자연스럽게 연결시켜준다.

5단계: 눈썹을 그린 후 비뚤어진 부분은 면봉을 이용하여 지우고 살짝 수정한 후 정돈한다.

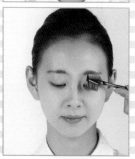

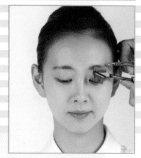

얼굴형에 어울리는 눈썹 그리기

- **둥근 얼굴형**: 전체적으로 동그란 느낌을 좀 더 세련되게 해주는 각진 형태의 눈썹이 어울린다.

- **긴 얼굴형**: 일자 형태의 눈썹으로 얼굴의 길이를 좀 짧아 보이게 하는 것이 효과적이다.

- **역삼각형 얼굴**: 날카로워 보일 수 있는 이미지이므로 눈썹을 부드럽고 둥글게 그려준다.

- **사각형 얼굴**: 고집이 세 보일 수 있는 이미지로 눈썹을 길고 부드럽게 각을 살려주는 것이 좋다.

꼭 알아야 할 아이브로우 메이크업 팁!!

눈썹 색상은 헤어 컬러와 맞추어야 어색하지 않다. 헤어컬러가 블랙에 각까운 사람이 브라운 계열의 아이브로우 컬러로 눈썹을 표현한다거나, 반대로 브라운 컬러의 헤어 컬러를 지닌 사람이 블랙으로 아이브로우를 표현해주면 조화롭지 않아 어색한 느낌을 준다.
눈썹의 앞머리를 강한 농도로 시작하는 것 또한 부자연스러우므로 눈썹 머리는 연하게 시작하는 것이 좋으며, 굵기는 앞머리를 가늘게 그리는 것이 아니라 가장 두껍게 표현해주어야 구도가 맞다.

Tip

승무원에게 적합한 눈썹 모양 찾기

대면 서비스로 승객에게 밝고 친근한 이미지를 주어하 하는 승무원의 이미지 작업에서 중요한 것은 부드러운 인상으로 보여지는 것이다. 그러므로 눈썹의 꼬리가 너무 내려가서 우울하고 처진 인상을 준다거나, 얇고 길게 그려 나이가 들어보이거나 섹시한 이미지로 부담스러운 이미지로 비쳐지는 것은 바람직하지 않다.

눈썹 그리는 단계

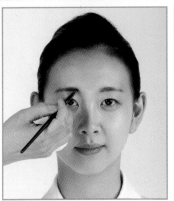

2

섀도우

유니폼과 조화를 이루면서도 본인의 얼굴에 잘 어울리는 컬러로 입체적이고 매력적인 모습을 만들어갈 수 있는 작업으로 가장 많이 선호하는 컬러는 핑크계열과 스카이 블루 계열, 브라운과 그린계열도 많이 사용되고 있다.

하이라이트 컬러

환한 이미지의 팽창효과로 눈썹 바로 아래 돌출된 부위나 눈두덩이의 중앙, 가장자리 등에 사용하며 섀도우와 조화를 이루며 윤곽을 만들어낸다.

베이스 컬러

아이섀도우의 가장 중심이 되는 색상으로 눈두덩이 전체에 펴 발라주는 것으로 눈을 뜨고 있을 때 2~3mm 정도 보일 정도의 넓이로 경계가 지지 않게 잘 표현해준다.

포인트 컬러

눈매를 강조하여 깊이감을 주는 역할을 하며 보통 쌍꺼풀 부위와 언더 섀도우 부분에 어색하지 않게 잘 펴서 발라준다.

승무원 메이크업에 어울리는 아이섀도우 색상

• **핑크 계열**
피부가 맑고 깨끗한 흰 피부의 사람에게 잘 어울리며, 미색으로 베이스 컬러를 하고 핑크, 보라 등으로 포인트 컬러를 삽아주면 창백해 보일 수 있는 피부에 화사한 느낌을 표현해준다.

• **블루 / 그린 계열**
화이트 컬러를 베이스 컬러로 하고 스카이 블루나 블루 그린 계열로 포인트 컬러를 표현해주면 시원한 느낌을 주면서도 생기도는 피부로 표현할 수 있다.

• **브라운 계열**
미색으로 베이스 컬러를 하고 브라운, 오렌지 브라운, 레드 브라운 등으로 포인트 컬러를 주면 우아하고 세련된 이미지 연출이 가능하다.

눈 모양에 따른 아이섀도우 테크닉

눈두덩이가 두툼하고 작은 눈
눈두덩이 전체에 어두운 계열의 컬러보다는 전체적으로 밝은 색상을 표현해주는 것이 답답하지 않고 시원한 느낌을 주며 특히, 눈 꼬리 쪽으로 짙은 색으로 아이섀도우를 발라서 길게 빼주면 길이가 짧은 눈을 더 커보이게 하는 효과가 있다.

쌍커풀이 없는 홑겹의 눈
아이섀도우의 테크닉이 더 요구되는 눈의 형태로 눈 중간부터 꼬리까지 어두운 색상을 이용하여 깊이있게 눈매를 연출해주면 더 매력적인 눈매로 표현될 수 있다. 아이라인을 이용하여 선명하게 눈매를 표현해줄 것.

눈꼬리가 올라간 눈
전체적으로 날카로워 보이는 인상을 부드러운 눈매 연출로 표현해주는 것이 관건으로 다른 눈매와 달리 눈 머리 부분을 짙은 색을 이용하여 강조하고 눈꼬리 부분을 옅은 색으로 표현해주어 밸런스를 맞춘다. 포인트 색상을 언더라인 부분도 부드럽게 연결시켜주어 안정감 있게 표현해준다.

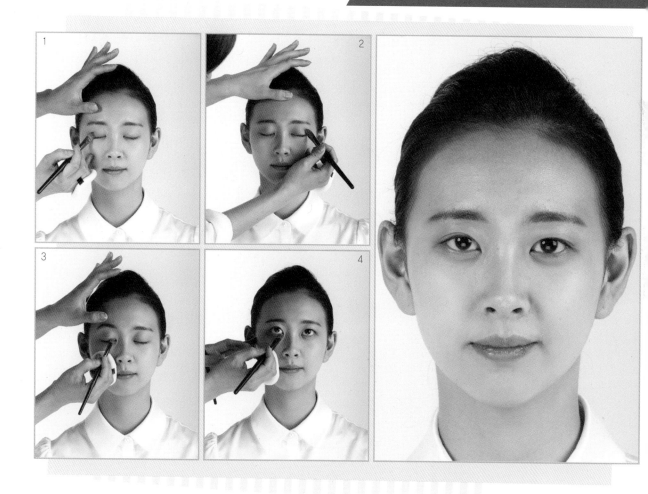

3

아이라이너

아이라이너 그리기

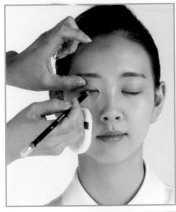

메이크업 중 가장 표현하기 어려운 부분으로, 아이섀도 우의 사용과 함께 눈매를 아름답게 연출시키는 데 꼭 필요한 단계이다.

아이라이너는 하나의 선으로 눈을 선명하게 또렷히 표현해주며 눈의 크기도 커보이게 하는 효과를 가져다준다. 눈을 크게 강조하고 싶을 때는 눈 위 아래 점막을 펜슬로 잘 메워주면 보다 크고 매력적인 눈매로 표현될 수 있다.

또한, 자신의 눈매의 형태에 따라 눈꼬리가 조금 올라간 사람은 아이라이너 끝부분을 좀 낮게 내려주어 날카로운 인상을 주지않게 하고, 눈꼬리가 처진 사람은 꼬리 부분을 살짝 올려주어 처져보일 수 있는 인상을 좀 더 활기찬 인상으로 보완할 수 있다.

아이라이너의 종류로는 펜슬타입, 붓타입, 리퀴드 타입 등이 있으며, 초보자가 사용하기에는 펜슬과 붓 타입이 적합하다.

장거리 비행을 할 경우 펜슬 타입을 사용하여 눈매를 보완해준 후 리퀴드 타입으로 마무리해주면 장시간 비행에서도 처음의 화사하고 깔끔한 이미지를 오래 유지할 수 있다.

라인이 너무 두꺼워서 스모키 화장처럼 보여지는 것은 상대에게 부담을 줄 수 있으니 유니폼과 어울리는 눈매 연출인지를 다시 한 번 확인할 필요가 있다.

눈매에 따른 아이라이너 연출 노하우

작은 눈

눈을 삼등분하여 앞머리 쪽에서 꼬리 방향으로 삼분의 이(2/3) 지점에서 직선 느낌으로 밖으로 그려준다.

중간 눈

눈을 삼등분하여 앞머리 쪽에서 꼬리 방향으로 3/4 지점에서 직선 느낌으로 밖으로 그려준다.

큰 눈

눈을 오등분하여 앞머리 쪽에서 꼬리 방향으로 4/5 지점에서 직선 느낌으로 밖으로 그려준다.

4 마스카라

속눈썹을 보다 길고 풍성하게 해주어 눈매를 깊이 있고 뚜렷하게 표현해 주는 효과가 있다.

속눈썹의 형태에 따라, 숱이 부족한 사람은 볼륨 마스카라를 사용하여 빈약한 눈썹을 풍성하게 표현해주고 길이가 짧은 사람은 길이가 길게 표현되는 롱래쉬 마스카라로 기능에 맞추어 선택하면 된다. 마스카라가 잘 번지는 사람은 워터프루프 기능의 마스카라를 이용하여야 팬더 눈처럼 번지지 않고 오랫동안 깔끔한 화장을 유지할 수 있다.

최근에 속눈썹 연장술로 간편하게 화장을 도와주는 시술도 많이 이용하는 추세이기는 하지만, 원칙적으로 인조 속눈썹의 사용은 식음료를 같이 다루는 승무원의 직무상 지양하는 것이 바람직하다.

마스카라 바르기

- 먼저, 마스카라를 사용하기 전에 눈썹 윗부분에 Eyelash Curler를 사용하여 자연스럽게 컬을 살려준다. 이때, 시선을 아래로 하고 속눈썹 안쪽을 한 번 집어주고 중간 부분을 다시 한 번, 그 후 속눈썹 끝부분을 컬을 주면 자연스럽고 오래 지속시킬 수 있다.
- 다음은 마스카라를 이용하여 위에서 아래로 몇 차례 쓸어준다.
- 아래에서 위 방향으로도 같은 방법으로 터치해준다.
- 아래 속눈썹은 마스카라를 세워서 살짝 발라준다.

마스카라 바르기

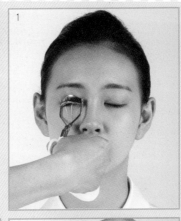
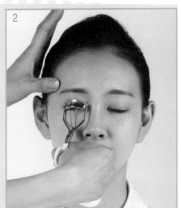
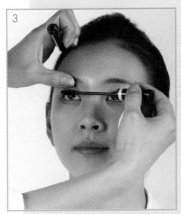
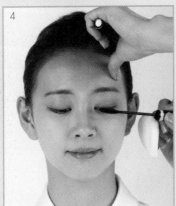

립스틱은 본래의 입술 색에 혈색을 부여하여 생기있는 얼굴로 만들어주고 입술을 보호해 주는 역할을 한다. 얼굴 부위 중 가장 움직임이 많고 눈에 잘 띄는 부위로 전체 화장과 조화를 잘 이루는 립 메이크업으로 얼굴의 표정을 화사하고 매력적으로 연출할 수 있다.

승무원에게 적합한 립스틱 컬러

립스틱 컬러를 선택하는 데 있어서 가장 중요한 것은 아이 메이크업 컬러와의 조화이다. 아이섀도우 색상을 진하게 바르면서 립스틱도 짙은 색을 사용한다거나, 립스틱 컬러 자체만의 색을 선호하여 아이섀도우 컬러와 조화를 이루지 않게 사용하면 세련되지 않은 메이크업이 될 수 있다.

객실에서의 근무가 주를 이루는 직무의 특성 상, 기내 조명을 감안하여 어둡고 매트한 립스틱의 선택보다는 글로시하고 밝은 컬러를 사용하는 것이 화사한 느낌을 준다.

유니폼과 조화를 전체적으로 조화를 이루는 메이크업이 가장 중요하나, 최근에는 강렬한 색감의 표현보다는 자연스러운 화장으로 승객에게 부담스럽지 않게 표현하는 것이 중요하다.

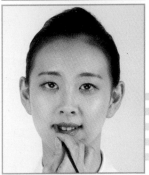

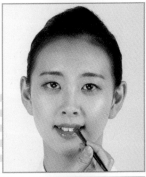

아이 메이크업과 립 메이크업의 컬러매치

① 핑크계열의 립스틱은 전체적으로 로맨틱하고 사랑스러운 느낌을 준다.
- 핑크 아이 메이크업과 만났을 때: 사랑스럽고 로맨틱한 이미지
- 블루 아이 메이크업과 만났을 때: 깨끗하고 시원한 이미지
- 연한 퍼플 아이 메이크업을 만났을 때: 여성스럽고 우아한 이미지

② 레드, 로즈 계열의 립스틱은 전체적으로 활발하고 화려한 이미지 연출에 효과적이다.
- 브라운 아이 메이크업과 만났을 때: 섹시한 이미지

③ 오렌지계열의 립스틱은 전체적으로 생기있고 젊은 느낌을 주는 이미지 연출에 효과적이다.
- 브라운 아이 메이크업과 만났을 때: 세련되고 활기넘치는 이미지

지속력 있는 립 메이크업의 노하우

스킨케어 후 메이크업 베이스, 파운데이션, 파우더 단계에서도 입술 부위를 꼼꼼히 표현해주며, 입술 위에 파우더로 먼저 코팅해준 후 립스틱을 바르면 컬러가 오래 유지된다.

얼굴 부위 중 가장 큰 면적을 차지하고 있는 볼 화장은 얼굴형에 따라 색채를 주는 것만으로도 얼굴의 형태, 크기도 다르게 보이게 하며 혈색 또한 좋아보이게 하는 역할을 한다.

일반적으로 블러셔를 사용할 때, 웃고 있는 얼굴의 튀어나오는 광대 부위에 광대뼈 위쪽에서 아래로 약간 사선을 그리듯이 자연스럽게 바르기도 하나, 검은 눈동자의 바깥 부분과 콧망울 윗 부분 이내에서 다른 부분과의 경계선이 없도록 그라데이션한다.

가장 큰 브러시를 사용하며, 브러시에 내용물을 묻힌 후, 손 등에 살짝 털어낸 후 문지르면 과한 색깔의 표현이나 뭉침이 방지될 수 있다.

블러셔의 종류로는 파우더 타입, 크림 타입, 젤 타입이 있다.

파우더 타입은 가루 형태로 컴팩트 타입, 가루 타입 등이 있으며 초보자들도 가장 바르기 편한 제품이다. 크림 타입은 촉촉하게 표현된다는 장점이 있어서 피부가 건조한 사람에게는 좋으나 잘 지워지는 단점이 있다. 젤 타입은 얇게 발리기는 하나 초보자에게는 사용하기 좀 어렵다는 단점이 있다.

얼굴의 하이라이트와 음영은 전체 화장에서 너무 티나지 않게 표현해주어야 하는데, T존 부위를 중심으로 이마, 콧대, 마지막으로 턱 부위를 다른 부위보다 조금 환하게 표현해주면 얼굴 윤곽이 살아나며 얼굴을 입체적이고 화사해 보이게 한다. 주의할 점은 과도한 펄의 사용으로 얼굴 전체가 번쩍거리게 하지 말아야 한다는 것이다. 또한, 얼굴라인 외각 쪽으로 헤어라인이 매끄럽게 표현되지 않는 사람들은 셰이딩을 함으로써 얼굴형을 깨끗하게 정돈할 수 있다.

얼굴형에 따른
블러셔 & 셰이딩

계란형의 얼굴
가장 이상적인 얼굴형으로 수정 메이크업이 많이 필요하지 않는 갸름한 얼굴선을 가지고 있으며, 광대뼈 부위에 동그랗게 블러셔를 사용하면 부드러운 느낌을 준다.

사각형의 각진 얼굴
위 아래로 각이 져 보이는 얼굴이 둥글게 보일 수 있도록 표현하는 것이 포인트로, 볼 터치는 관자놀이를 시작으로 코끝 부분을 향해 사선으로 이어지듯이 하면 시선이 분산될 수 있다. 얼굴 전체의 윤곽은 이마 바깥 부분 가장자리 각이 진 부분과 턱 가장자리 부분에 셰이딩을 처리하여 각이 진 부분은 어둡게 표현되어 조금은 둥글고 부드럽게 착시 효과를 줄 수 있게 한다. 다만, 너무 진하게 발라 부자연스러운 표현이 되지 않게 주의한다.

둥근형 얼굴
전체적으로 동그란 얼굴은 볼 가운데에 동그랗게 블러셔를 주면 더 동그란 이미지를 줄 수 있으므로 관자놀이 부분을 시작으로 광대뼈 위쪽에서 입술 쪽으로 사선을 그리듯이 볼터치를 해주면 된다. 얼굴 전체의 윤곽을 주는 셰이딩은 얼굴 가장자리 측면 부위를 전체적으로 처리해주어 얼굴을 작아보이게 하며, 하이라이트 부분은 T 존 부위를 이마 부분과 코 아래 부분까지 좀 길게 빼주면 동그란 얼굴이 아래로 좀 길어보이는 효과를 가져올 수 있다.

긴 얼굴형
전체적으로 긴 얼굴형은 얼굴의 길이를 줄여주게 표현해주어야 하므로, 귀 중심부 부분보다 약간 위쪽 볼 부분에서 원을 그리듯이 얼굴 안쪽으로 굴려주며 그라데이션 해준다. 얼굴 가장 자리 부분에 음영을 주게 되면 얼굴이 더 길어보이게 되는 효과를 가져오므로, 얼굴 중심부분의 위아래 부분을 셰이딩을 주어야 길어 보이지 않는 착시 효과가 있다.

IMAGE MAKING FOR CABIN CREW

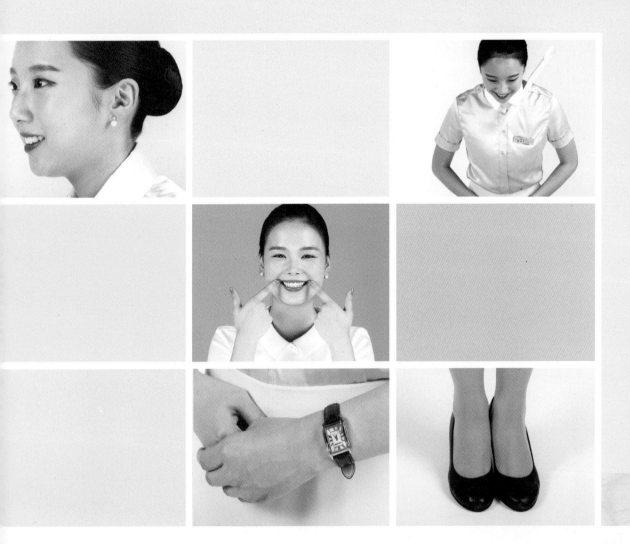

승무원의
Hair-do

승무원의 헤어스타일은 유니폼과 조화를 이루는 깔끔하고 단아한 이미지로 표현되어야 하며, 대부분의 항공사가 쪽머리 스타일로 연출하나, 일부 항공사에서는 커트, 단발 스타일을 허용하기도 한다.

일부 항공사에서는 회사 내에 헤어스타일 전문가를 고용해 상주하게 하며, 근무를 위해 출근한 승무원들의 헤어스타일을 도와주고 있으나, 유니폼을 입고 출근을 하는 직무의 특성 상 본인이 자신에게 어울리는 헤어 연출을 위해 꾸준히 노력하는 것이 중요하다.

깔끔한 헤어 연출은 시각적 구성요소로 중요하기도 하나, 기내에서 식음료를 다루는 직무의 특성 상 흘러내리고 지저분한 헤어 연출은 고객으로 하여금 위생 상의 불만을 발생시킬 수도 있는 요소이므로 흘러내리는 머리로 자꾸 손이 가지 않도록 깨끗하게 잘 고정하는 것이 중요하다.

깔끔한 헤어 연출을 위해 스프레이와 젤 등의 헤어 고정 용품을 오랫동안 사용하는 승무원들은 사후 관리가 중요하다. 비행을 마치고 난 후에는 반드시 머리를 깨끗하게 감아주어야 한다. 헤어 용품이 머리에 남아 모발의 빠짐이나 손상을 주지 않도록 고정된 머리를 미지근한 물에 충분히 헹구어 제품을 완전히 씻어내고 샴푸를 해준다. 모발이 빠지는 것을 방지하는 데 도움을 주는 헤어 스컬프액을 사용한다거나, 트리트먼트를 꾸준히 해주어 수분과 영양을 충분히 공급해준다.

승무원들은 다른 직무에 종사하는 사람보다 개성의 연출에 많이 제약을 받을 수도 있으나, 유니폼을 입고 회사의 이미지를 전달하는 사람으로서 전체의 조화를 항상 고려해야 한다.

본인의 헤어 컬러보다 너무 환하게 염색을 하면 모발이 자라면서 투톤으로 보여져 지저분하게 보여지므로 자연스러운 흑갈색으로 염색하는 것이 바람직하다. 와인 컬러나 오렌지빛 등이 감도는 색상은 지양해야 한다. 또한 염색 후에는 모발의 손상이 많으므로 트리트먼트 사용으로 건조해진 모발에 충분한 영양을 주는 것이 중요하다.

모발관리의 중요성

Tip

헤어도 클린징이 필요해!

스킨케어제품에서 클린징제품이 나오는 것처럼, 최근에는 헤어제품에서도 헤어건강의 기본을 챙기는 클린징 제품이 나오고 있다. 스파테라피 퓨러파잉 딥 클린저로 두피의 묵은 노폐물과 피지, 각질을 말끔하게 클린징해 건강한 두피로 케어해주어 헤어의 건강을 챙기자.

쪽머리
스타일

기본적으로 모든 항공사에서 가장 선호하는 스타일로 유니폼 연출 시 가장 깨끗한 인상을 준다. 얼굴이 입체적인 서양인들과 달리, 이목구비가 입체적이지 않은 사람들은 머리를 묶는 첫단계에서 머리 윗 부분에 볼륨을 약간 넣어주는 것이 전체적으로 더 조화롭다. 컬러가 깔끔하게 보이기 위해서는 본인의 머리색과 차이가 많이 나는 염색의 사용은 자제하는 것이 좋으며, 앞에 보는 방향뿐 아니라 옆, 뒷 부분 등 어느 위치에서 바라보더라도 깔끔하게 보이는 것이 중요하다.

쪽머리 스타일에 필요한 준비물

쪽머리 연출의 단계

1 단계 머리 윗 부분에 볼륨을 넣어주는 단계로 쪽빗을 이용하여 단계 별로 잡아가거나, 헤어 드라이기를 이용하여 고정시켜주는 방법이 있다. 머리를 묶기 전에 가장 바깥 부분이 지저분하게 보이지 않도록 잘 빗어주는 것이 중요하다. 윗부분뿐 아니라 옆, 뒤 부분까지도 거울을 이용하여 잘 체크하도록 한다.

> 헤어스프레이로 장시간의 비행에도 흐트러지지 않도록 잘 고정시켜주는 것이 중요하다. But, 헤어용품이 뭉쳐져 하얗게 보이지 않도록 여러 번 멀리서 분사하도록 한다.

2 단계 다음은 미세망을 이용하여 묶여진 머리를 깔끔하게 뒤통수에 고정시켜주는 단계로, 미세망을 묶은 머리 가장 위부분에 U자핀을 이용하여 우선 고정시킨 뒤 미세망 안으로 머리를 잘 정돈하여 도넛츠처럼 동그랗게 말아서 U자핀을 이용하여 고정시켜준다.

3 단계 지저분하게 보이는 잔 머리를 잘 정돈해주는 단계로 헤어젤을 이용하여 망 아랫부분에서 목덜미로 이어지는 부분까지 깨끗이 머릿결대로 쓸어올리듯이 정리해주고 헤어스프레이로 고정시켜준다.

주의하세요!
실핀을 이용하여 고정해주는 것은 좋으나, 두 세 개 이상의 사용은 전체적으로 깔끔한 인상에 방해가 된다. 일부 항공사에서는 Hair-do의 매뉴얼에 실핀의 사용 개수도 명시되어 있다..

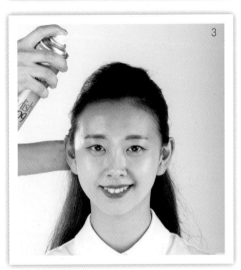

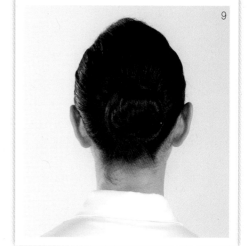

커트 머리
&
단발 머리
연출

국내 K 항공에서는 커트 머리에 연출하는 헤어밴드가 유니폼 코디네이션 항목에 있기도 하여 일부 승무원들의 모습에서 종종 보이기도 한다.

단발 머리의 연출은 오히려 관리에 더 많은 시간과 노력이 요구되는 스타일이다. 경쾌하고 어려보이는 장점을 지니고 있으나, 지저분하게 보이지 않도록 드라이와 헤어관리에 더 신경써야하는 부분도 고려해야한다.

특히, 헤어 스타일이 전체적인 이미지 연출에서 사람의 인상에 차지하는 부분이 크다는 것을 고려하여 커트 머리를 잘하는 스타일리스트와의 상담을 통해 신중하게 머리를 다듬도록 한다. 단발 머리는 쪽머리보다 표면적으로 드러나는 부분이 많기 때문에 모발의 건강상태, 윤기, 염색 상태 등이 더 적나라하게 드러나게 된다.

단발 머리도 고객에게 인사와 서비스 시 동작으로 인해 머리가 흘러내리지 않게 잘 고정하는 것이 중요하다. 또한, 대면 서비스를 하는 승무원의 직무 특성상, 앞머리를 내리는 것보다는 이마를 많이 드러내어 마음을 열고 고객에게 다가간다는 좋은 이미지를 주는 것이 중요하다.

커트 머리

앞 이마를 가리지 않도록 하고 머리가 가라앉지 않도록 드라이나 세팅으로 잘 띄어주며, 스프레이나 젤을 이용하여 귀 뒤로 넘긴다.

단발 머리

이마를 가리지 않도록 하며 뒷머리가 자켓 깃에 닿지 않도록 말아서 드라이해주고, 헤어 스프레이로 고정시켜준다.

헤어라인의 연출

이마와 헤어가 연결되는 라인이 매끄럽게 연결되지 못하는 경우 헤어 섀이딩을 이용하여 헤어라인을 정돈해줄 수 있다. 어두운 컬러의 헤어 섀이딩으로 비어있는 헤어라인을 채우는 것만으로도 얼굴이 작아지고 어려보이며, 이 때 헤어라인의 정돈 뒤에는 반드시 얼굴의 외곽에서 안쪽으로 섀이딩을 통해 연결해야 자연스럽다는 것을 명심해야 한다. 바깥에서 안쪽으로 옅어지게 그라데이션을 하고, 턱선과 목까지 섀이딩을 해 경계가 지지 않도록 한다.

승무원 유니폼 착용 규정의 변화

최근 LCC(저비용 항공사)들은 복장을 비롯하여 기존의 틀을 벗어 효율을 추구하고 있다.
안경착용, 바지 유니폼, 헤어도의 자유화, 구두 착용 규정 등의 변화를 가져오며 직원들이 즐겁게 일하며 고객과 소통하는 문화를 만들기 위해 다양한 시도를 하고 있다.

IMAGE MAKING FOR CABIN CREW

Personal
Color Image

Color
Imagemaking

07

Personal Color

내 피부가 지닌 고유의 색과 가장 잘 어울려 나를 가장 돋보이게 해줄 컬러를 찾는 과정으로 이미지메이킹에 있어서 가장 중요한 기본과정이라 할 수 있다. 개개인마다 가장 잘 어울리는 컬러로 메이크업을 하고, 한층 돋보이는 컬러의 의상을 선택해야하는데, 본인이 선호하는 색과 어울리는 색은 차이가 있을 수 있다.

퍼스널 컬러는 어떤 색이 어울리고 어떤 색은 안 어울린다는 개념이 아니라, 같은 계열의 색이라도 밝은 톤, 어두운 톤, 원색, 파스텔 색 등 컬러의 톤과 각자 신체의 색상의 차이에 따라 사람마다 어울리는 컬러가 다르다는 것이다. 같은 붉은 계열의 색이라도 따뜻한 톤의 붉은 색과 차가운 톤의 붉은 색은 사람마다 각자 지니고 있는 고유의 피부색의 차이에 의해 어느 색이 더 어울리는지의 차이가 생기게 되는 것이다.

자신과 동일한 특징을 지닌 색을 찾아 피부를 보다 아름답게 보여줄 자신만의 계절 색을 찾아가는 컬러진단에 대해서 알아보기로 한다.

퍼스널 컬러 진단

퍼스널 컬러 진단은 본인 고유의 피부색을 봄, 여름, 가을, 겨울의 사계절 색에 맞추어 접목시킨 것으로, 색채 연구 이론에 따르면 사람은 태어날 때부터 어울리는 색상의 톤이 정해져 있다고 한다.

모든 색은 기본적으로 따뜻한 색과 차가운 색으로 나뉘어져 있으며, 피부색 역시 기본적으로 따뜻한 색과 차가운 색으로 나뉘어진다. 따뜻한 색은 노란색 톤을 지니고 있으며, 차가운 색은 푸른색, 흰색, 검은 색 톤을 기본적으로 지니고 있다. 메이크업이나 의상의 컬러와 신체 색상과의 조화로운 배색이 이루어지면 개인이 지닌 단점을 감출수 있고 장점을 부각시킬 수 있다.

정확한 진단은 컬러전문가의 도움을 받아 컬러 패브릭 드레이핑을 실시하는 것이 맞으나, 신체 색상과 자가 진단을 통해서도 개인의 컬러 타입을 알아볼 수 있다.

컬러의 진단 척도: 피부색, 머리색, 눈동자 색, 두피 색, 손목 안쪽 색 등

피부색은 태어날 때부터 개인마다 갖고 있는 고유의 색으로, 같은 인종일 경우 비슷한 느낌을 갖기도 하나 색소의 분포에 따라 개인마다 고유의 피부색이 결정된다.

- **따뜻한 유형** – 노란색 톤, 황갈색 톤
- **차가운 유형** – 핑크색 톤, 붉은색 톤

모발색은 멜라닌 색소의 분포에 따라 결정된다.

- **따뜻한 유형** – Yellow Blonde, Auburn Brown, Golden Brown, Black Brown
- **차가운 유형** – Ash Blonde, Ash Brown, Gray Brown

눈동자색은 홍채의 색을 말한다.

- **따뜻한 유형** – Golden Brown, Black Brown, Auburn Brown
- **차가운 유형** – Silver Gray, Black, Blue Gray

두피색은 햇빛에 잘 노출되는 머리 위 부분이 아닌 뒤통수 안쪽 부위를 살펴본다.

- **따뜻한 유형** – 노르스름한 빛, 황색 빛
- **차가운 유형** – 흰 빛, 푸른 빛

손목 안쪽 색은 바깥부분에 비해 햇빛에 노출이 적어 본래의 피부색에 가깝기 때문에 진단에 적당하다.

- **따뜻한 유형** – 노르스름한 빛, 갈색 빛
- **차가운 유형** – 흰 빛, 푸르고 흰 빛

계절 유형에 따른 신체부위 색상

유형		피부색	머리색	눈동자 색	두피 색	손목안쪽 색
Worm Type	봄	노르스름한 피부로 밝고 화사한 투명함	밝은 갈색 톤으로 윤기가 남	노란 빛의 흑갈색	노르스름한 색	노르스름한 색
	가을	황갈색, 검은 갈색의 피부로 혈색이 없고 윤기가 없는 편임	짙은 적갈색으로 윤기가 없음	짙은 갈색빛의 흑갈색	황색	갈색
Cool Type	여름	복숭아 빛, 핑크 톤의 혈색으로 나타남	밝은 회갈색 톤으로 윤기가 없음	푸른 빛의 흑갈색	흰색	흰색
	겨울	희고 푸른 빛이 감도는 피부로 차갑고 창백해 보임	푸른 빛의 흑갈색을 띰	푸른 빛의 검은 색, 회갈색	푸른색	푸르고 흰색

　메이크업을 하지 않은 본인의 원래 피부색을 가지고, 평소 가지고 있던 옷이나 다양한 컬러 별로 매치해본 후, 자신에게 가장 잘 어울리는 컬러를 찾는 과정으로, 자신에게 가장 잘 어울리는 색이 나오면 얼굴이 환하고 혈색이 돌게 보이고 건강미가 느껴지며 인상이 더 선명하게 보인다.

　계절별 타입에 따른 어울리는 컬러는 다음과 같다.

여름 타입
- 핑크 베이지, 로즈 베이지, 내츄럴 베이지, 스카이 블루 등
- 옅고 차가운 색감이 잘 어울린다.

SUMMER

겨울 타입
- 블루 블랙, 실버 그레이, 와인 등
- 짙은 차가운 색감이 잘 어울린다.

WINTER

봄 타입
- 크림 아이보리, 옐로우 베이지, 골든 베이지 등
- 옅고 따뜻한 색감이 잘 어울린다.

SPRING

가을 타입
- 골든 브라운, 카키, 내츄럴 베이지 등
- 자연 본래의 색감이 잘 어울린다.

AUTUMN

SPRING TYPE

봄 타입의 사람은 화사하고 생동감을 가지고 있어서 실제 나이보다 젊고 어려보이는 이미지이다. 기본적으로 노란색이 가미된 선명한 원색과 중간 색의 베이지, 핑크, 산호, 연두색 등이 잘 어울리는 컬러이다.

Make-up

매끄럽고 투명한 피부의 이미지를 살려 크림 베이지, 아이보리, 피치 베이지 등으로 베이스를 옅게 표현하고 아이섀도우와 아이브로우는 그레이 브라운이나 브라운으로 너무 짙게 표현되지 않도록 주의한다.
립 컬러와 치크는 따뜻한 핑크, 코럴, 피치 등으로 은은하게 펴준다.

Hair color & Total Coordination

피부색이 따뜻하면서도 맑고 동안인 봄 타입은 밝은 갈색, 밝은 오렌지 등이 잘 어울리나, 유니폼과의 조화로움을 잘 생각하여 너무 밝은 컬러는 지양하는 것이 좋다.
밝은 이미지의 연출을 위해 아이보리나 브라운을 기본 톤으로 선명한 오렌지나 노랑색은 액센트로 사용하여 여성스러움과 낭만적인 이미지를 강조하는 것도 좋다.
악세서리는 아이보리 펄이나 골드 계열이 잘 어울리며 구두나 벨트 등도 베이지, 아이보리, 초코 브라운 등이 조화를 이루는 컬러이다.

SUMMER TYPE

여름 타입의 컬러는 기본적으로 흰 빛을 가진 아이보리, 연 핑크, 연소라, 아쿠아 블루 등의 다소 차가운 이미지를 가진다. 여성스러움을 지닌 여름 타입의 사람은 복숭아색이나 핑크색이 감돌아 부드럽고 낭만적인 이미지 이며 흰 빛을 띤 색상과 가장 잘 어울린다.

부드럽고 차가운 느낌의 핑크계열, 튀지 않는 파스텔 계열 등의 중간색 이 주를 이루고 블루나 퍼플 계열로 포인트를 주는 것이 좋다.

Make-up

파스텔 톤으로 화사한과 내츄럴함을 살려 부드럽고 여성스러운 이미지로 표현한다.
기본 베이스는 내츄럴 베이지, 핑크 베이지 등 은은한 핑크 빛이 감도는 색으로 여성 스러움을 표현하고, 아이섀도우 계열은 스카이 블루, 베이비 핑크, 코발트 그린. 등의 흰색이나 실버 펄을 섞은 듯한 느낌으로 표현하면 잘 어울린다
립 컬러와 치크도 라이트 핑크, 베이비 핑크, 로즈 핑크 등으로 밝고 엘레강스한 이미 지를 잘 연출하면 좋다.

Hair color & Total Coordination

핑크톤의 피부색을 지닌 여름 타입에게는 블루계열이나 회갈색, 와인색 등의 컬러링 이 잘 어울리며 액세서리는 골드 계열보다는 실버 계열이 잘 어울린다.
구두나 벨트 등을 선택할 때에도 블루 그레이, 그레이 네이비 등을 베이스로 하여 부 드럽고 페미닌한 이미지를 잘 살려준다.

AUTUMN TYPE

기본색으로 황색을 지닌 베이지, 갈색, 카키 등의 컬러로, 따뜻한 톤을 지녔으며, 자연의 색에 가까운 컬러로 상대방에게 따뜻하고 부드러운 이미지로 친근감과 편안함을 주며 분위기가 있다는 이야기를 많이 듣는다. 골드, 구리 색, 카멜 색, 카키 색, 올리브 그린 등의 자연의 주조색으로 표현해주면 좋다.

Make-up

내츄럴하고 스모키한 메이크업, 전체적으로 클래식하게 깊이감이 있게 표현하여 도회적이고 세련된 이미지를 표현해낸다.

내츄럴 베이지, 골든 베이지 등 베이스로 피부를 표현하고 그레이 브라운, 다크 브라운 등으로 아이브로우 연출을 해주며 아이섀도우는 카멜이나 커피 브라운 등으로 차분하고 깊이 있게 표현해준다.

립컬러는 짙은 오렌지, 피치 컬러로 옅지 않게 표현해준다.

Hair color & Total Coordination

깊이 있는 가을 타입에게는 헤어 컬러도 짙은 갈색, 카키, 브론즈 계열이 어울리는 컬러링이다. 전체적인 코디네이션에 있어서는 전체적으로 어두워 보일 수 있으므로 밝은 황금색이나 오이스터 화이트 등으로 배색하여 도회적인 느낌을 연출한다.

악세서리는 무광이 더 잘 어울리며 나무, 상아, 가죽 등의 자연에서 나온 소재가 잘 어울린다. 붉은 갈색, 라이트 그레이 등을 사용하고 구두나 벨트 등은 다크 브라운, 오이스터 화이트 색상을 조화롭게 연출한다.

WINTER TYPE

강렬하고 차가운 도시적인 이미지를 지닌 겨울 타입은 기본적으로 희고 푸른 빛을 지닌 차가운 톤의 컬러로 짙은 회갈색이나 검은 색의 눈동자가 피부와 대조를 이루어 세련되고 깔끔한 인상을 준다.

기본적으로 푸른 색이 들어간 색상, 순백색과 검정색이 가장 잘 어울리며, 강렬한 대비의 컬러 조합도 좋은 연출이다.

Make-up

대비 효과를 강조하는 메이크업으로 뚜렷한 인상을 줄 수 있다. 원 포인트 메이크업과 시원한 메이크업으로 선명함을 강조한다.

핑크 베이지나, 로즈 베이지 등을 기본 베이스로, 아이브로우는 그레이, 다크 브라운, 블랙 등의 다소 짙은 느낌으로 표현해도 좋으며 아이섀도우는 블루 그린, 아이시 퍼플, 로열 블루 등으로 선명하고 깊이 있는 눈매를 연출한다.

립 컬러는 딥 레드나 퍼플 등으로 강조해도 좋으며, 치크 컬러는 로즈 핑크나 립 컬러와 동일색으로 세련된 분위기를 연출한다.

Hair color & Total Coordination

선명한 대비 효과의 블랙 앤 화이트로 샤프한 이미지를 연출하거나, 무채색을 주조색으로 모던한 이미지를 강조해도 좋다. 명도가 낮은 회색이나 청색 계열을 활용하면 차분하고 세련된 이미지를 연출할 수 있다.

악세서리의 사용은 다이아몬드, 은색, 주석 등의 모던하고 심플한 스타일로 포인트를 주며, 골드나 브라운 계열은 삼가하는 것이 좋다. 구두나 벨트도 블랙, 그레이, 화이트 등의 원 색으로 연출하여 깔끔함을 강조한다.

IMAGE MAKING FOR CABIN CREW

승무원
유니폼과
Fashion
Coordination

항공사 유니폼의 이미지

(CI :
Coporate
Identity)

현대 사회에 있어서 각 기업들은 자기만의 고유의 이미지를 고객들에게 잘 인식시켜 자체의 브랜드 이미지를 형성하는 데 많은 노력을 기울이고 있다. 특히 고객 접점에 있는 항공사 직원 대부분이 각 기업이 추구하는 이상에 맞게 유니폼을 입고 근무를 하고 있기 때문에 유니폼은 그 자체가 단순한 제복의 기능을 넘어 하나의 브랜드이자 상품인 것이다.

최근에는 거의 모든 항공사 승무원들이 집에서 나와 출근하는 시간부터 유니폼을 입고 움직이기 때문에 길거리를 지나가는 승무원을 통해서도 그 항공사의 이미지를 형성하게 된다. 개인의 이미지인 동시에 회사의 이미지가 되는 것이다.

승무원의 이미지하면 떠오르는 단정하고 세련된 이미지가 메이크업, 헤어, 네일, 유니폼, 걸음걸이, 말투 등을 통해서 어느 것 하나 흐트러짐없이 완벽하게 표현되어야 할 것이다.

국내 K 항공사가 세계적인 디자이너 장 프랑코 페레에게 디자인을 의뢰하여 전격적으로 회사 이미지 작업을 하면서 새로운 유니폼을 선보임으로써, 회사의 이미지가 한층 업그레이드된 것은 모두가 알고 있는 사실이다.

국내 저비용항공사인 진에어는 기존의 유니폼 스타일을 벗어나서 청바지와 티셔츠, 스니커즈 착용으로 프리미엄 실용 저가항공사를 추구하는 회사의 이미지를 캐주얼하게 잘 전달해주고 있다. 제주항공은 산뜻한 오렌지 컬러로 즐거움을 선사하는 이미지를 잘 전달하고 있으며, 에어부산, 이스타, 티웨이항공 역시 유니폼을 통한 회사의 이미지 전달을 중요시 여기고 있다.

특히, 항공사의 그 어느 부서보다도 고객과의 접점의 시간이 많은 승무원은 유니폼관리의 중요성을 더 인식할 필요가 있다. 유니폼의 정사이즈 착용상태, 다림질 및 오염 여부, 구두 청결상태 등을 잘 체크하고, 유니폼과 어울리는 메이크업과 헤어도를 통해 회사가 전달하고자 하는 이미지를 잘 표현해야 한다.

- 이탈리아 디자이너 지앙코페레의 작품으로 국적기의 이미지를 살린 동양적 색채를 유니폼에 적용함으로서 화사하고 단아함속에 세련된 이미지를 추구

- 상의 자켓과 블라우스를 청자색과 화이트의 두 컬러로 조화롭게 입도록 다양성 가미

- 하의는 바지와 스커트로 두 가지 컨셉을 제시함으로서 승무원에게 선택의 폭을 줌과 동시에 고객에게 이미지 측면에서의 서비스제공

아시아나항공

- 국내 디자이너 진태옥의 작품으로 한국전통의 색동무늬 사용으로 한국적 아름다움과 고급스러움 추구

- 울, 니트 등 소재의 변화를 줌으로서 기내업무에서의 활동성과 편암함으로 실용성 추구

- 제주항공의 포인트 컬러인 주황색을 잘 살린 유니폼은 아이보리색을 기본으로 함
- 경쾌한 느낌을 살리기 위해 스프라이트 무늬의 스카프를 활용

진에어

- 국내 항공사 가운데 유일하게 청바지를 유니폼으로 착용
- 저비용항공사 특유의 실용성과 활동성을 표현
- 연두색 또는 아이보리색 셔츠를 기본 착용하며, 사무장급 이상의 경우 검정 자켓 착용
- 남성 객실승무원은 검정 셔츠에 검정 자켓 착용

- 국내 정욱준 디자이너의 작품으로 블랙과 민트의 조화로움 속에 트랜디하고 세련됨을 강조
- 목부분 탈부착 가능한 옷 깃 적용으로 실용성과 변화 추구

- 국내 지춘희 디자이너로 잘 알려진 미스지 컬렉션에서 디자인
- 캐빈승무원 유니폼은 동백꽃을 형상화한 스카프와 부산의 바다와 하늘을 떠올릴 수 있는 파란색 헤어밴드로 발랄함과 젊은 이미지를 강조

- 사회적 기업인 '참 신나는 옷'이라는 동대문 업체에서 유니폼을 맞춤 제작
- 붉은색 와이드 벨트와 목 부분의 리본이 특징
- 짧은 자켓 길이와 끝으로 갈수록 넓어지는 소매 폭은 한복 저고리를 형상화하며 한국적미 보여줌

티웨이항공

- 레드를 강조해 젊고 생동감 있는 이미지, 모던함을 강조
- 치마, 바지, 원피스 등 6가지 스타일로 자신만의 개성을 표출할 수 있도록 다양성 추구

유니폼 CHK LIST

1 다림질 상태

근무복인 동시에 출퇴근 복장인 유니폼은 기본적으로 주름지지 않은 완벽한 다림질 상태에서 시작되어야 하며, 교통 수단을 이용하여 이동 중에도 구겨지지 않도록 세심한 주의가 필요하다. 국내 출발편뿐만 아니라 해외 체제시에도 호텔의 다리미나 개인 휴대용 다리미를 이용하여 비행 전에 다림질을 하도록 한다.

2 청결성

기내에서 식음료를 다루는 승무원의 직무 특성 상, 유니폼의 청결성은 중요한 부분이다. 기내에서 실수로 오염될 경우를 대비한 여벌의 유니폼과 기내 에이프런 등을 준비하도록 한다.

3 사이즈

유니폼은 개성을 드러내는 옷이 아니라 회사의 이미지를 전달하는 매개체의 역할을 하므로 자기 신체 사이즈에 적당한 유니폼을 갖추어 입어서 세련되고 단정한 이미지를 전달하는 것이 중요하다. 활동성과 품위를 고려하여 회사가 추구하는 이미지를 유니폼을 통해 잘 전달할 수 있도록 자신을 잘 관리하여야 한다.

4 적당한 컬러와 사이즈의 이너웨어 착용

일부 항공사의 유니폼은 재질이 얇고 밝은 컬러로 이너웨어를 제대로 갖추어 입지 않았을 경우, 유니폼 바깥으로 신체의 울퉁불퉁한 굴곡이 그대로 드러나서 민망한 경우가 종종 발생하게 된다. 라인이 드러나지 않는 적당한 사이즈의 속옷 착용으로 품위를 잃지 않아야 한다.

⑤ 스타킹 컬러 및 올 방지

승무원들은 장시간의 비행에 다리의 피로를 좀 감해주는 고탄력의 압착 스타킹을 착용하는 경우가 많다. 건조함을 방지하기 위하여 바디로션을 발라주고, 유니폼이 정전기로 인해 몸에 감기지 않게 정전기 스프레이를 뿌려주는 것도 좋다. 스타킹 컬러 또한 유니폼이 갈색이나 어두운 색인 경우는 커피색이 어울리겠으나, 밝은 컬러의 경우에는 살색 계통이 더 조화롭다.

⑥ 구 두

공항과 기내에서 오고 가는 승무원들은 전체의 모습이 고객에게 항상 노출되기 때문에 항상 광택이 나는 깨끗한 구두를 착용하는 것 또한 항상 신경써야 할 부분이다.

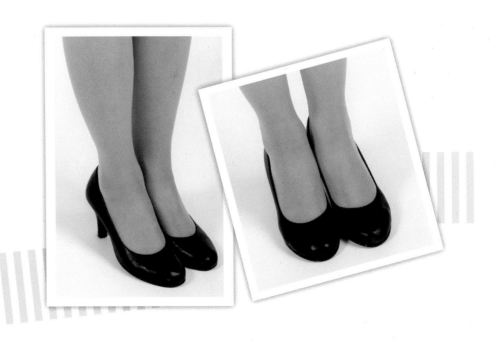

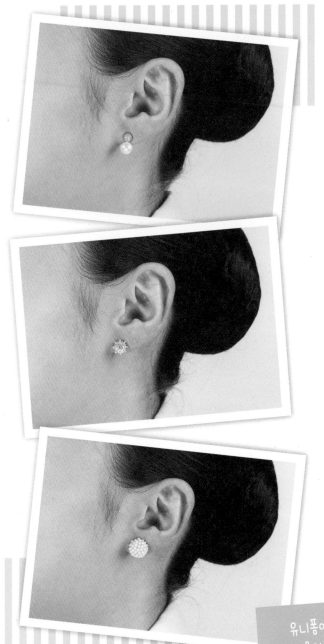

유니폼에 어울리는 악세서리 활용

유니폼 착용 시 어울리는 악세서리는 가급적 작고 귀에 부착하는 형태가 좋으며, 지나치게 화려하거나 고가의 제품을 착용하는 것은 고객을 배려하지 못하는 행동으로 여겨진다. 전체적으로 귀걸이를 착용하지 않았을 때보다 착용했을 때가 얼굴이 더 화사해보이고 아름다워 보인다.

시간의 정시성을 준수해야하는 직무의 특성 상, 손목시계의 착용은 면접에 있어서도 권장되는 사항이다. 디자인이 너무 화려하거나 고가의 시계 착용은 지양하는 것이 바람직하다.

유니폼에 어울리는 귀걸이의 예

권장되는
시계의 디자인

구분	착용기준	세부기준
JACKET	• 정복으로 착용 - 청자색 : AP 이상 - 베이지색 : SS급	• 소매 Cuffs는 정해진 단만큼 접어서 착용한다. • Jacket의 단추는 반드시 채워야 한다. • 목뒤의 Collar를 세워서는 안 된다. • 재킷 주머니는 메모지 보관용도이므로 기타 개인물품을 넣지 않는다(키홀더, 휴대폰 등)
SKIRT	Skirt와 Slacks를 혼용하여 선택착용	• 길이는 무릎 선을 유지하며 임의로 스커트 길이의 수선을 금한다. • 스커트 디자인의 실루엣을 고려하여 허리선을 지나치게 위로 올려 입지 않는다. • Underwear 색상과 Line이 겉으로 표시나지 않도록 한다.
SLACKS		• 바지단의 길이는 복숭아 뼈를 덮는 정도로 하고 구두 뒷굽을 덮지 않도록 한다. • Underwear 색상과 Line이 겉으로 표시나지 않도록 한다.
BLOUSE	색상별로 Long& Short Sleeve 중 선택 착용	• 착용 시 목 부분의 단추를 비롯한 모든 단추는 반드시 채워야 한다. • White Blouse에는 같은 색상의 Underwear를 착용한다. • Long Sleeve 착용 시 소매를 걷어 올리는 것을 금한다. • Jacket 색상과의 조화를 고려하여 착용한다.
CARDIGAN	-청자색 : AP 이상 -베이지색 : SS급	• 착용 시 소매를 걷어 올리는 것을 금한다. • 모든 단추는 채워야 하나 맨 아래 단추는 예외로 한다.
SCARF	청자색과 베이지색 중 선택 착용	• 매듭은 왼쪽으로 두며 사각 매듭법으로 묶는다. • Jacket과 Blouse와의 색상 조화를 고려하여 착용한다.

APRON	청자색과 베이지색 중 선택 착용	• 자신의 신장에 맞게 길이를 조정하여 착용한다. • 뒷 매듭은 리본 매듭법으로 묶는다. • Blouse와의 색상 조화를 고려하여 착용한다.
SHOES	기내화(3cm) 펌프스(5cm) 샌들(7cm)	• 기내에서는 기내화/ 펌프스 중 신장을 고려하여 자유 선택하여 신는다. • 이동시에는 펌프스/ 샌들 중 신장을 고려하여 자유 선택하여 신는다. • 지속적인 손질로 광택을 유지한다.
T-COAT	정복으로 착용	모기지나 도착지의 날씨를 고려하여 착용한다.
GLOVES	회사지급품	모기지나 도착지의 날씨를 고려하여 착용한다.
명찰	회사지급품	Jacket, Blouse, Cardigan, Apron의 왼쪽 가슴부분에 패용한다.
WING	회사지급품	Jacket의 왼쪽 명찰 상단에 패용한다.

배지, 명찰

정복 착용

체형 이미지 연출

키가 큰 체형의 여성

적당한 비율을 갖춘 경우 자신있고 설득력 있게 보인다는 장점이 있으나, 체격이 클 경우 남성적이고 권위적으로 보일 수 있다는 단점이 있다.

체격이 마른 경우
- 넓은 세로줄 무늬는 피하며 마른 체형을 커버할 수 있는 부피감 있는 소재를 선택
- 허리가 긴 경우 넓은 벨트로 시선을 분산 시키는 것도 효과적
- 핸드백이나 서류가방은 사이즈가 작은 것은 피하고 중간 이상의 크기 선택

체격이 큰 경우
- 큰 단추가 있는 디자인은 피하고 단색의 심플한 디자인을 선택
- 부드러운 이미지 연출을 위해 연한 그레이 정장의 연출도 효과적
- 얼굴이 큰 경우 진한색의 안경테도 금물
- 신발이나 악세사리도 장식이 요란한 것은 피함

키가 작은 체형의 여성

젊고 활동적으로 보이는 장점은 있으나, 리더십이 있다거나 영향력이 크게 보이지 않는 단점이 있을 수 있다

- 정장착용의 경우 재킷과 치마의 색이 대조를 이루는 것을 피함
- 감청색, 회색 정장 등이 자신있고 위엄있어 보임
- 스타킹, 신발도 같은 계통으로 통일감을 주면 효과적
- 키가 커보이고 싶은 욕심에 너무 높은 힐을 신는 것은 더 불안해 보여 역효과
- 시계나 악세사리는 단순하면서도 우아한 것으로 선택

남성의 올바른 용모복장

1 양복

체형에 맞게 디자인과 색상을 선택하되, 키가 작은 사람은 밝은 색상, 줄무늬 패턴을 선택하는 것이 효과적이며 뚱뚱한 체형은 체크무늬 디자인은 피한다.

- 청색계열: 비즈니스에 가장 적당하며 깔끔하며 생동감 있어 보임
- 회색계열: 차분하고 자신감있어 보이며, 지적인 이미지 연출에 효과적
- 검정계열: 경조사 시에 대비하여 기본적으로 갖추어야 할 색상으로 정중하고 성실해보임
  색상자체의 강함을 고려하여 타이의 디자인과 색을 조화롭게 선택
- 밤색계열: 잘 입으면 부드럽고 세련된 이미지 연출에 효과적이나 초보자에게는 금물

2 드레스 셔츠

- 목까지 채워 착용하며 흰색 또는 옅은 컬러로 선택, 화려한 디자인은 지양한다.
- 팔 길이는 양복 소매 밖으로 1~2 cm 정도 나오게 입는다.

3 타 이

- 타이를 매고 고개를 숙이지 않은 상태에서 거울을 바라보았을 시, 벨트의 중간을 약간 덮을 정도가 적당하다.
- 타이의 매듭이 중앙에 오게 위치, 조끼 착용시는 조끼 아래로 내려오지 않게 착용한다.

4 벨 트

- 양복이나 구두의 컬러와 동색이 좋으며, 지나치게 요란한 버클은 피한다.

5 구 두

- 양복의 컬러와 맞추며 구두의 뒷굽이 닳지 않았는지 잘 체크한다.
- 구두가 지저분하면 이미지도 지저분해보이므로 항상 청결하게 잘 닦는다.

6 양 말

- 목이 짧은 양말은 양복 착용 시 금물. 앉았을 때 살이 드러나면 안 된다.
- 바지나 구두 중 컬러가 진한 쪽으로 맞춘다.
- 정장 착용 시 흰색 양말은 금물이다.

7 헤어도

- 앞머리는 이마를 덮지 않도록 하고, 옆머리는 귀를 덮지 않도록 한다.
- 뒷 머리는 셔츠 깃에 닿지 않도록 한다.
- 지나친 염색이나 유행을 따르는 머리 스타일은 피한다.
- 헤어제품을 이용하여 단정한 스타일을 유지한다.

남승무원 이미지메이킹

1 Hair-do

- 앞머리는 이마가 보이게 단정하게 한다.
- 옆머리는 귀가 보이게 짧게 한다.
- 뒷머리는 셔츠깃에 닿지 않도록 한다.
- 너무 밝거나 튀는 컬러의 염색은 피한다.
- 유행에 따른 헤어컷은 피하는 게 좋다.

승무원 헤어연출단계

- 헤어를 60% 정도 건조시킨 후 헤어드라이기로 앞머리의 볼륨을 만든다.
- 얼굴형에 맞게 가르마를 탄다.
- 수분 포마드나왁스를 손톱정도 크기로 덜어 앞머리를 뒤로 넘기며 골고루 바른다.
- 빗을 이용하여 머리를 정리한다.
- 스프레이를 이용하여 고정한다.

2 Face

- 목눈썹은 너무 두껍거나 얇지 않게 자연스러워 보이도록 한다.
- 피부는 밝아보이게 연출한다.
- 면도를 통해 매끄러운 피부를 연출한다.
- 입술은 깨끗하게 정돈되어 보이게 립밤 등으로 연출한다.

피부연출단계

- 일주일에 1- 2회 스크럽제품을 이요하여 각질을 제거한다.
- 면도를 깔끔하게 한다.
- 세안 후 토너를 화장솜에 묻혀 닦아주어 피부결을 정돈한다.
- 수분크림과 에센스를 바른다.
- 피부컬러에 맞는 남성용 비비크림을 펴바른다.

3 Suit

- 타자켓과 바지는 같은 색상과 소재로 이루어진 한 벌의 옷을 입는다.
- 수트의 색상은 상대에게 신뢰감, 안정감을 주는 감청색, 회색이 무난하다.
- 수트는 구김이 없으며 크거나 작지않게 사이즈가 맞게 연출한다.
- 셔츠는 스트의 소매보다 1cm 더 나오게 착용한다.
- 셔츠는 지나치게 화려한 색상은 피하며, 화이트나 밝은 하늘색 정도의 컬러의 색상을 선택한다.
- 바지는 신발 뒷굽에 닿는 정도의 길이로 단정하게 입는다.
- 타이는 수트, 셔츠와 조화를 이루는 색상과 디자인을 선택한다.
- 양말과 신발은 바지의 색상과 맞추어 짙은 컬러로 선택한다.

KE   밝고 화사한 이미지 강조

● Key Color   피치, 핑크, 민트

- 스킨톤은 내츄럴한 컬러로 자연스럽게 연출한다
- 메이크업 베이스의 색상은 하얀 피부는 핑크, 붉은 기가 있는 피부는 그린을 사용하여 좀 더 화사하게 표현한다.
- 파운데이션 선택 시, BB 크림이나 CC 크림보다는 커버력 있는 제품으로 피부 결점을 보완해준다.
- 눈썹은 모발색과 맞추어 선택하며 과하게 그리지 않는 것이 좋다.
- 아이섀도우 선택 시, 하얀 피부라면 어느 색이나 잘 어울리지만 노란계열의 피부는 민트색상을 자제하고 오히려 연한 핑크색 계열이 더 낫다. 붉은 기가 있는 피부는 피치나 민트계열의 컬러로 쌍꺼풀 라인에 자연스럽게 그라데이션해준다.
- 립컬러는 밝은 아이섀도우와 어울리게, 누드계열을 피한 살구빛 컬러나 핑크컬러가 좋다. 틴트는 매트한 느낌이 나므로 피하고 마무리 시 립글로스를 살짝 이용한다
- 대한항공 승무원 메이크업의 하이라이트는 볼터치이다. 과도한 펄을 쓰거나 하이라이트를 쓰는 것은 금물이다. 웃었을 때 볼록 튀어나오는 부분에 은은하게 볼터치를 한다. 하얀 피부는 핑크계열을, 노란 피부는 피치계열의 볼터치를 하는 것이 좋다. 붉은 피부는 가급적 볼터치를 피하나, 얼굴이 작아 보이게 하고 싶다면 파운데이션 색보다 한 톤 낮은 색으로 광대와 턱선에 그라데이션해준다.
- 헤어스타일: 단정하면서 깔끔한 스타일을 선호한다. 흔히들 알고 있는 쪽머리가 승무원의 상징일 수 있다. 하지만 대한항공은 과감히 보브컷을 허용하는데, 이를 통해 좀 더 세련되고 진취적인 이미지를 만들 수 있다. 헤어스타일 선택 시 무조건 보브컷으로 결정하는 것보다 둥근 얼굴, 각진 얼굴은 쪽머리로 단점을 커버할 수 있다.
  달걀형, 긴형, 삼각형 얼굴일 경우 보브컷에 도전해보길 추천한다. 그리고 대부분의 항공사가 쪽머리를 선호하는것을 명심해서 스타일 결정에 해야 한다.

Key Color 피치, 누드 브라운 •┄┄┄┄┄

- 스킨톤은 피부톤과 동일한 톤의 제품을 사용한다. 커버력이 우수하면 두꺼워 보이지 않게 연출하고 컨실러를 이용하여 스폿을 커버하자.
- 눈썹은 표준형의 눈썹에 다크브라운 컬러로 연출하고 두껍지 않게 연출한다. 눈썹 산 밑 부분에 하이라이트를 줘서 좀 더 깨끗한 눈썹을 연출하는 것이 좋다.
- 아이섀도우는 브라운을 선호하는데 피부가 하얀 편이라면 어두워 보일수 있기 때문에 톤다운된 피치계열을 이용하고 붉은 피부나 노란 피부는 브라운계열을 선택한다.
- 스모키나 블루 그린계열의 아이메이크업은 피하고 아이라인을 점막에 가깝게 그려 자연스러운 눈매 연출을 강조하자.
- 립스틱은 자연스러운 아이 메이크업에 맞춰 누드계열은 피하고 핑크 피치톤을 사용하는데 대한항공의 립메이크업보다 좀 더 색감이 있는 컬러를 선택한다. 립에 파운데이션을 발라 톤 정리를 하고 틴트를 발라 색감을 입혀주고 립스틱을 바르면 지속력이 높아진다. 립글로스만 바르는 것은 자제하고, 색감이 풍부하고 에센스 성분이 함유된 립스틱을 선택한다.
- 볼터치는 한 듯 안한 듯 자연스럽게 연출하고 셰이딩으로 마무리 해준다.
- 헤어스타일은 단정한 쪽머리를 선호한다. 얼굴형에 따라 볼륨을 주고 한올한올 단정하게 정리하는데, 이 때 백코밍을 이용하여 볼륨을 주게 되면 오래 지속될 뿐만 아니라 원하는 곳에 볼륨을 넣을 수 있다.

간혹 키가 작은 사람들이 과하게 백코밍을 사용하는데 오히려 얼굴이 커 보이는 역효과가 있으니 주의한다. 마지막 마무리는 망을 이용하여 잔머리 없이 넣어준다.

보브컷 스타일링이 허용되지 않는 것은 아니나, 유니폼에 모자가 포함되어 있어, 입사 후 모자 착용을 고려하여 보브컷 스타일의 헤어보다는 가급적 올림머리나 쪽머리로 스타일링하는 것이 좋다.

LJ 한 듯 안한 듯한 내츄럴 메이크업

Key Color 핑크, 누드 계열

- 진에어의 면접복장인 티셔츠와 진에 어울리게 두껍지 않은 화장으로 자연스럽게 표현되어야 한다. 누드톤으로 파운데이션과 파우더를 소량 사용하고, BB나 CC크림의 사용도 피부가 가볍게 표현되어 무방하다.
- 자연스러운 눈썹으로, 자신의 모발 색상에 맞추어 아이펜슬의 사용보다는 섀도우를 이용하여 자연스럽게 메워주는 기분으로 표현한다.
- 아이섀도우는 펄감이 없는 누드 계열로 연한 핑크나 피치, 스카이 블루 정도가 좋으며, 아이라인은 점막만 채우듯이 자연스럽게 표현해준다.
- 립 컬러는 핑크나 피치 계열로 매트하지 않게 글로시하게 마무리한다.
- 헤어 스타일은 볼륨을 넣은 쪽머리보다는 자연스럽게 포니테일 형태로 면접에 임하는 것이 좋다.

7C 자연스러우나 유니폼 컬러와 조화를 이룬 경쾌한 이미지

Key Color 오렌지, 피치

- 스킨톤은 두껍지 않게 표현되게 파운데이션을 조금 사용하며 피부톤보다 한 단계 밝은 컬러로 화사한 연출을 한다.
- 눈썹 라인은 자기 눈썹 모양을 살려 깔끔하게 그려준다.
- 아이섀도우는 오렌지 컬러가 무난하며 아이홀 전체에 바르기보다는 쌍커풀 라인에 살짝 발라 색감을 나타내는 정도로 한다. 자연스러운 화장에 속눈썹을 뷰러로 너무 올리는 것은 자연스럽지 못하다.
- 립 컬러는 핑크나 피치 계열이 적당하다.
- 헤어 스타일은 볼륨감이 너무 살아있지 않은 자연스럽고 깨끗한 쪽머리가 선호된다.

Key Color 블루, 레드, 골드 ●┈┈┈┈┐

- 스킨톤은 너무 밝지는 않게 파운데이션과 컨실러를 이용하여 커버력 있게 표현한다.
- 아이섀도우 색상은 쿨 계열은 블루 컬러가 적당하며, 웜 계열은 골드와 피치가 적당하다.
- 펄이 과하지 않고 아이섀도우색이 선명하다면 은은한 느낌으로 그라데이션을 한다. 아이라인도 두껍지 않게 깔끔하게 그려주고 너무 강한 스모키는 피하는 것이 좋다.
- 립컬러는 레드를 선호하지만 쿨 메이크업 시는 립스틱이 톤 다운된 레드계열이 좋고 웜 메이크업 시는 선명한 레드계열이 좋다. 립글로스는 자제하는 것이 좋다.
- 헤어스타일은 깔끔한 스타일의 쪽머리나 가르마 있는 머리, 그리고 소라형 머리도 가능하다. 볼륨감 있는 헤어스타일을 선호한다.

Tip

이것은 주의해주세요!

선명한 눈의 연출을 위해 써클렌즈나 컬러렌즈를 유니폼 착용 시 사용하는 경우, 가까이에서 고객들을 대면할 때 상대방이 상당히 부담스러워할 수 있다는 것을 명심하자. 개성의 연출은 근무 이외의 시간에 활용하시길…

IMAGE MAKING FOR CABIN CREW

승무원의
Nail Care

손은 말보다 더 많은 감정을 드러내기도 한다. 손의 모양이나 크기에 상관없이 잘 다듬어진 손톱과 부드러운 손등은 자신감을 북돋아 준다. 이러한 손 관리는 승무원에게 있어 필수적인 관리사항 중 하나이다. 기내에서 승객에게 음료, 식사, 서류 제공뿐만 아니라 기내방송, 기내판매, 안전 관련 안내 등 손을 이용하여 다양한 업무수행을 하기 때문이다. 이때, 승객의 시선이 승무원의 손과 손등에 머무는 경우가 많기 때문에 청결상태를 유지하는 것이 가장 중요하다.

한편, 손은 크게 손등, 손바닥, 손톱으로 나눌 수 있다.

손등은 외출 시, 내리쬐는 태양 빛에 손등 피부 수분과 탄력도가 급격히 저하될 수 있다. 떨어진 피부수분에 높은 온도까지 더해지면 거칠고 트기 쉬우며 손등에 악영향을 미칠 수 있다. 최근 컴퓨터, 스마트폰을 빈번히 사용함에 따라 쉽게 건조해지고 손등의 잔주름, 잡티, 노화를 유발시킬 수 있다. 습도를 40~60%로 유지하고 자주 물을 마셔주는 것이 좋다.

손바닥은 땀이 많이 나서 축축해지지만 금방 건조해져서 푸석거리기 쉬운 만큼 수분유지와 함께 핸드로션을 발라주는 것을 생활화해야 한다.

손톱은 영양이 부족해지면 부스러지고 갈라지는 증상을 보이기 때문에 관리가 필요하다. 충분한 영양섭취 및 유수분 공급, 큐티클영양제를 이용하여 단정하고 청결한 손톱상태를 유지한다.

손톱으로 알아보는 건강 Check!

손톱을 포함한 손끝을 손으로 힘주어 꾹 눌러 본다. 3초 안에 원래의 분홍빛을 되찾으면 정상이다. 하지만 원래의 빛깔로 되돌아오는 속도가 느리면, 건강관리에 주의가 필요하다. 1차적으로 빈혈이나 생리통, 혈액순환 장애를 의심해볼 필요가 있다. 아래 증상을 참고하여 건강을 체크해 보도록 한다.

건강한 손톱

- 두께: 0.5mm
- 표면: 단단하고 매끈하며 투명하다.
- 색상: 밝은 연분홍색을 띤다.

손톱 색으로 구별

- **창백할 경우:** 노화로 인한 자연증상, 영양실조, 빈혈
- **붉은 경우:** 몸에 열이 있는 상태, 혈액순환 장애, 고혈압, 심근경색, 관절, 심장
- **노란 경우:** 황달, 진균증, 당뇨, 폐질환, 갑상선 호르몬 분비 이상
- **푸른 경우:** 폐렴, 기관지염, 심장병(이와 같은 경우 폐에 산소공급 차단 → 산소 잃은 혈색)
- **검은색을 띄며 검은줄 :** 간 건강, 피부암 증상

손톱 모양의 따른 구별

- **갈라지거나 금이 간 경우:** 갑상선 질환, 곰팡이 감염, 호르몬 분비저하(이와 같은 경우 손톱이 얇아져 손상 가능성이 있음.)
- **표면이 굴껍질 같은 경우:** 건선, 관절염 초기 증상
- **손톱이 무르고 윤기가 없는 경우:** 비뇨생식기능, 비위기능의 약화

그 외 현상

- **손톱이 음푹 들어간 경우:** 철 결핍, 빈혈 증상, 원형 탈모증의 특징적 증상
- **손톱이 갈라지고 부스러지는 경우:** 혈액순환이 원활하지 않거나 영양상태가 좋지 않다는 신호. 피부를 건조하게 만드는 요인들은 손톱에 자극을 주어 손톱을 쉽게 부스러뜨림(비누, 세제, 매니큐어, 아세톤 등)
- **손톱이 쉽게 부러지는 경우:** 빈혈, 내분비선의 장애
- **손톱에 세로줄 또는 가로줄이 생기는 현상**
  - 세로줄 : 근육이 위축되었을 경우, 여성 같은 경우 단기 다이어트의 경우, 어린아이들, 방치할 경우 노화현상을 야기시킨다.
  - 가로줄 : 극심한 피로, 만성질환 환자(충분한 휴식과 고단백직의 음식 섭취 필요)

손톱 건강을 위한 TIP!

핸드크림 활용

손을 씻은 후 핸드크림을 손등, 손바닥뿐만 아니라 손톱 끝까지 꼼꼼히 바른다. 승무원의 경우, 항공기 기내가 매우 건조하기 때문에 유수분 관리에 힘써야 한다. 유수분이 부족하면 손톱이 갈라지거나 부러지는 현상이 생길 수 있고, 이에 따라 손톱 안으로 세균이 침투할 경우가 생기게 되어 손톱건강에 악영향을 끼치게 된다. 최근 핸드크림뿐 아니라 큐티클 크림도 흔히 찾아볼 수 있다. 수시로 건조할 때마다 핸드크림과 큐티클 크림을 이용하여 청결하고 건강한 손톱을 유지할 수 있도록 한다.

음식 섭취

손톱은 단백질로 이루어져 있다. 따라서 단백질이 부족하게 되면 자연스레 손톱이 약해진다. 이와 같이 단백질뿐만 아니라 건강한 손톱을 위해 섭취해야 할 음식에 대해 알아보도록 한다.

- **단백질 음식**: 쇠고기 또는 생선, 콩, 계란, 치즈, 우유 등 단백질이 들어간 성분을 섭취한다. 단백질 음식을 섭취하여 건강한 손톱을 유지한다.
- **비타민이 함유된 음식**: 곡물류(비타민B), 연어(비타민D), 고구마(비타민A), 푸른잎 채소(비타민E), 오렌지(비타민C) 등 신선한 채소와 과일 또는 갈아 만든 주스 등을 섭취한다.
- **철분이 함유된 음식**: 기름기 없는 육류나 녹황색 채소, 과일, 땅콩과 같은 음식은 철분 함류량이 높다. 철분은 신체에 에너지를 공급하는 역할을 하며 이에 따라 철분이 부족한 경우 손톱이 얇아지고 자주 부러지게 될 수 있다.
- **아연이 풍부하게 들어간 음식**: 아연이 들어간 음식은 현미, 땅콩, 견과류, 살코기, 생선류에 많이 함유되어 있다. 신선한 샐러드 또한 손톱을 건강하게 만드는 데 도움이 된다.
- **충분한 물 섭취**: 물은 깔끔하고 건강한 손톱을 유지하는 데 중요한 역할은 한다. 물을 충분히 섭취하여 손톱과 손톱주위 피부를 탄력 있게 만들도록 한다.

매니큐어 사용

매니큐어와 아세톤의 사용이 자주 반복될수록 손톱
표면은 자극을 받고 약해질 수 있다. 이는 손톱이 쉽게
갈라질 수 있고 뜯어지는 현상을 일으킨다. 승무원은
정갈한 이미지에 부합하여 손톱의 청결함과 매니큐어 사
용을 지향한다. 이와 같은 경우 5일 정도는 바르고 이틀은 매니큐어를
지워 손톱의 건강을 살핀다. 일주일 이상 손톱에 매니큐어를 바른 채 유지
한다면, 손톱에 매니큐어 착색이 될뿐만 아니라 매니큐어 안에 함유된 화학성분이 손톱건강
을 해칠 수 있기 때문이다. 따라서 손톱에 자극을 주지 않으려 하는 노력과 함께 큐티클 제거
기와 같은 제품을 이용하여 손톱건강을 관리해야 한다.

영양제 바르기

매니큐어를 바르지 않은 상태에서 손톱에 영양제를 바르고 충분한 휴식을 취한다. 손톱에
영양공급이 되어 더욱 윤이 나는 손톱을 유지할 수 있다. 손톱영양제 대용으로 얼굴용 오일,
멀티 오일도 가능하다.

승무원의 손톱 기준

대한항공 **KOREAN AIR**

비행 시, 여승무원의 경우 반드시 매니큐어를 발라야 한다. 매니큐어 색상은 은은한 톤의 Red계열Red, Pink, Orange, 살색, 베이지색 등으로 2mm 이내까지 허용가능하다. 1mm 이내인 경우 투명매니큐어도 가능하다. 단, Black, Navy, Purple, 형광계열 색상, 네일아트그라데이션, 프렌치 등는 금하고 있다.

아시아나항공 ASIANA AIRLINES

색상이 누드톤이 아니어도 가능하다. 또한 네일아트그라데이션, 프렌치 등가 가능하다. 하지만 차갑고 어두워 보이는 색상(Black, Navy, Purple, Blue)은 허용되지 않는다.

제주항공 JEJU AIR

은은한 톤의 Red계열Red, Pink, Orange과 그라데이션 정도만 가능하다. 다른 네일아트나 어두운 색상은 금한다.

진에어 JINAIR

따로 정해진 색상은 없으며 네일아트프렌치, 그라데이션도 가능하다. 하지만 손톱에 그림을 그리는 것은 금한다.

에어부산 AIR BUSAN

핑크계열, 살구계열 등 색상으로 손의 청결과 더불어 단정해 보이도록 한다.

이스타 항공 EASTAR JET

핑크, 살구계열 색상이되 피부 톤과 맞추어 색상을 칠한다.

티웨이 항공 t'way

손톱은 짧고 청결하여야 하고, 매니큐어는 엷거나 투명한 색으로 발랐을 경우 벗겨지지 않도록 한다.

손톱 다듬기

① 손톱이 약한 사람일수록 손톱 끝이 갈라지기 때문에 손톱깎이 사용은 자제한다. 승무원은 근무환경이 건조한 상태에서 근무하기 때문에 우드화일을 이용하여 손톱모양을 잡아준다. 보통 여성의 경우 라운드 또는 스퀘어로 가지런한 손톱모양을 다듬는다. 이때 손톱의 상태가 약하다면 스퀘어형태로 갈아주는 것이 좋다.

② 우드화일을 사용할 시, 파일을 길게 잡아주고 사용해야 손목에 무리가 가지 않고 파일링의 효과도 좋다. 이때 엄지손을 뒤로 받쳐주고 네 손가락을 앞에 두고 잡아 손톱의 닿는 면과 직각이 되도록 한다. 힘을 주지 않는 상태에서 한 쪽방향으로 갈아준다.

Tip

네일케어 용어

1. 큐티클 리무버: 큐티클 주위에 굳은 세포를 빠르게 부풀려 부드럽게 해준다. 큐티클 및 네일에 유수분을 공급한다. 사용법-물기없는 손톱의 큐티클라인에 살짝 발라준 후 불려준다.
2. 큐티클오일: 큐티클이 부드러워지도록 하여 큐티클 제거가 쉽도록 도와주고 유수분을 공급하여 큐티클과 손톱이 탄력 있도록 돕는다.
3. 베이스코트: 폴리쉬를 바르기 전에 바른다. 손톱 보호 및 폴리시 색상이 손톱에 침착되는 것을 방지하는 효과가 있다. 사용법-손톱 위에 얇게 발라준다.
4. 탑코트: 폴리시를 바른후 마무리시 바른다. 색상이 오랫동안 지속되고 벗겨지지 않게 유지해준다. 사용법-폴리시가 적당히 마른 후 발라준다.
5. 2way: 버핑으로 네일에 광택을 지속시켜준다.
6. 우드화일: 손톱을 갈아서 길이를 일정하게 해주고 스퀘어, 라운드 등 손톱의 모양을 잡아준다.
7. 우드스틱: 큐티클을 밀거나 네일 주위에 묻은 폴리시 제거, 스톤아트시 사용된다.
8. 푸셔: 큐티클리무버로 불린 네일 주위의 각질층을 잘라내기 쉽도록 밀어준다.
9. 니퍼: 푸셔를 이용해 큐티클 제거 후 니퍼를 이용해 깔끔하게 컷팅(제거)한다.

매니큐어 바르기

1. **베이스코트 바르기**: 손톱에 매니큐어를 바르기 전, 베이스코트를 발라 손톱 보호 및 매니큐어가 잘 발릴 수 있도록 한다.

2. **컬러 입히기**: 베이스코트가 완전히 마른 후, 손톱에 브러시 끝부분에만 동그랗게 물방울처럼 맺히는 정도로 매니큐어를 얇게 도포한다. 이때 많은 양을 바르면 손톱이 두꺼워 보일 수 있고, 너무 적은 양을 바르면 매니큐어가 매끄럽게 발리지 않아 줄이 생길 수 있어 여러번, 얇게 도포하는 것이 좋다.

3. **건조하기**: 5분 정도의 시간이 지나면 건조가 된다. 그러나 사실 매니큐어는 완전히 건조가 될 때까지 8시간 정도가 걸린다.

4. **탑코트 바르기**: 마지막으로 탑코트를 바르면 매니큐어가 완성된다. 탑코트는 매니큐어에 윤기를 돌게 하고 매니큐어 색상이 오래 지속될 수 있는 역할을 한다.

매니큐어 지우기

1. 매니큐어를 오랫동안 바르고 있으면 착색되거나 매니큐어 표면이 벗겨지게 된다. 이때 리무버를 사용하여 화장솜으로 충분히 손톱표면의 매니큐어를 녹여준 후 한번에 깨끗이 지워준다.

2. 화장솜을 손톱크기에 맞추어 작게 잘라 지우기를 준비한다. 리무버를 화장솜에 충분히 적신 후 손톱표면에 올린 후 3분 정도 기다린다. 3분이 지난후 손톱의 큐티클라인에서부터 바깥쪽으로 화장솜을 밀듯이 매니큐어를 지운다.

3. 손톱에 남아있는 잔여물을 깨끗이 제거한 후, 차가운 물에 손톱을 한번 헹궈준다. 매니큐어 지우기로 인해 손톱의 자극이 가해지기 때문에 손톱의 매니큐어를 지운 후에는 영양제를 발라 손톱을 건강하게 유지시킨다.

손 깨끗이 씻기

손은 모든 표면과 직접 접촉하는 부위로 각종 세균과 바이러스를 전파시키는 매개체이다. 질병의 70%가 손을 통해 전염되는 만큼 손씻기를 통해 감염질환의 70%를 예방할 수 있다. 손에는 항상 균들이 존재하고 빠르게 증식하기 때문에 손을 씻을 때 최소 30초 이상 비누를 이용하여 손 구석구석을 씻도록 한다.

올바른 손씻기 6단계

1단계

손바닥과 손바닥을 마주 대고 문질러 줍니다.

2단계

손가락을 마주 잡고 문질러 줍니다.

3단계

손등과 손바닥을 마주 대고 문질러 줍니다.

4단계

엄지 손가락을 다른 편 손바닥으로 돌려주면서 문질러 줍니다.

5단계

손바닥을 마주 대고 손깍지를 끼고 문질러 줍니다.

6단계

손가락을 반대편 손바닥에 놓고 문지르며 손톱 밑을 깨끗하게 한다.

얼굴도 각질 제거를 하듯 손 피부도 계절, 날씨의 영향을 받기 때문에 각질제거를 중요하게 여겨야 한다. 손 전용각질제거기를 이용하거나 로션과 흑설탕을 1:1 비율로 섞어 설탕 알갱이가 녹을 때까지 문질러준다.

손 관리

손의 피부는 다른 부위에 비해 얇고 사용빈도가 높기 때문에 노화가 빨리 찾아올 수 있다. 손은 우리가 생각하는 이상으로 많은 영양분을 원하게 된다. 손의 청결과 함께 핸드크림을 자주 발라주어 보습을 유지한다.

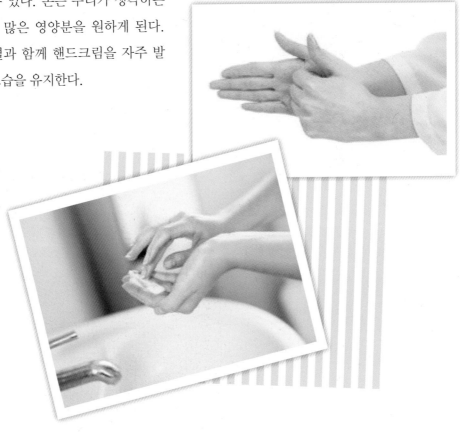

발 관리

승무원은 기내에서 장시간 동안 구두를 신고 근무하기 때문에 발의 피로감을 상당히 느끼게 된다. 구두 밑 부분에 밑창을 깔거나, 구두 선택 시 약간의 여유 있는 사이즈를 신는다. 또한 평소 발 관리를 해줌으로써 건강한 발을 유지할 수 있도록 한다.

각질제거해주기

발의 각질을 불리기 위해 따뜻한 물에 10분 정도 발을 담근 후 깨끗한 타올로 발을 닦아준다. 부드럽게 마사지하듯 스크럽제를 이용하여 발뒤꿈치를 문질러준다. 그 후, 발뒤꿈치와 발가락 사이에 충분히 수분, 보습제품을 발라주어 건강한 발 상태를 유지한다. 보습크림을 바른 후, 양말을 착용하거나 랩으로 감싸주는 것도 매우 효과적이다. 발 스크럽은 일주일에 1회 정도가 적당하다.

족욕하기

장시간 근무로 인해 지친 발을 위해 족욕을 하여 피로회복에 도움이 될 수 있도록 한다. 약간 뜨겁다고 느껴질 정도의 물에 식초 두 방울 정도를 떨어뜨려 발을 10분 정도 담갔다가 깨끗하게 씻어준다.

발 마사지

발을 미온수에 담궈 피로를 풀어준 후에 가볍게 지압하며 마사지를 해준다.

IMAGE MAKING FOR CABIN CREW

승무원의
향기 이미지

향수의 어원 및 중요성

지구상에 있는 휘발성 물질이 발산될 때 후각신경이 자극을 받아 느끼는 냄새 중에서 인류생활에 유익하게 이용되는 것을 향이라고 한다.

향수는 오랜 역사 속에서 남녀를 불문하고 사람들에게 사랑을 받아오고 있다.

향수Perfume의 어원은 라틴어 퍼퓨뭄 Perfumum에서 나온 말로써, 퍼Per: through라는 의미와 퓨뭄fumum: smoke 라는 의미의 합성어로 '무엇을 태우는 과정에서 열기를 통해 나오는 것' 정도로 해석된다.

인간이 향을 최초로 생활에 이용하게 된 것은 지금으로부터 4, 5천년 전으로 거슬러 올라간다. 제단을 신성하게 여겨온 고대 사람들은 제단 앞에 나아갈 때 신체를 청결히 하고 향내가 풍기는 나뭇가지를 태우고 향나무 잎으로 즙을 내어 몸에 발랐다고 한다. 중세시대로 이어져 현대사회에까지 향수는 꾸준히 사랑받아 오고 있으며 사람을 판단하는 데 중요한 요소가 되고 있다.

'화향천리 인향만리'라는 말이 있다. 꽃의 향기는 천리를 가고 사람의 향기는 만리를 간다는 뜻이다. 사람에게서 느껴지는 총체적인 인격이 향기로 나타남을 뜻한다. 자신을 이미지메이킹하는 가장 훌륭한 방법 중 하나가 바로 이러한 자신만의 향수를 가져보는 것일 것이다.

한편 승무원은 비행업무를 하는 데 있어 향수는 필수휴대품으로 지정되어 있다. 비행업무를 수행하며 승객과 대화할 때 또는 Aisle을 지나다닐 때에 해당 승무원의 은은한 향기로 인해 이미지가 결정되기 마련이다. 향수 사용 시 너무 진하거나 너무 연하지 않도록 주의해야 한다.

향수의 기원

종교적 측면

1. **종교의식**: 신전에 나가기 전에 몸을 정결히 하기 위해 방향물질^Aroma^을 불태워 그 연기를 쐬며 신에 대한 경의를 표시하였다.
2. **종교의식 이외의 용도**: 방부 및 소취 효과

자연적 측면

세계적으로 제일 먼저 향료를 필요로 한 곳: 수분이 적고 기온이 높은 지방^이집트, 사우디 아라비아^ 등에서는 땀이 많이 나는 자신들의 체취를 없애거나 숨기기 위해 사용하였다.

시대적 측면

1. **고대 이집트**: 향료를 만드는 최고의 기술 보유. 이집트 파라오왕 시절 즉위식 중 향유를 머리에 붓는 의식이 있었으며 유람선 돛대에 장미향을 듬뿍 적셔 사용하였다.
2. **그리스**: 동양의 보물들이 서양으로 통하는 길목에 있어 일찍부터 향료를 사용했으며 솔로몬 왕은 향료의 과용으로 인해 사회적 물의를 빚자 향수판매 금지법안을 제시하기도 하였다.
3. **로마**: 향수의 천국이라 불릴 만큼 향료를 대중화하였는데 방향성 물질을 유분^현재의 알코올과 비슷한 물질^ 등에 부어 사용하였다.

우리나라

1. **고대사회**: 종교의식에서 시작, 단군신화에 쑥과 마늘이 등장하는 것으로 보아 고대사회에서 강조된 '향'을 사용한 것으로 추측된다.
2. **삼국시대**: 향료사용은 귀족층에 국한되다가 신라시대 19대 눌지왕 때 대중화가 되나 여전히 귀부인들만이 향낭 주머니를 가졌다. 그러나 서민들도 꽃잎이나 줄기를 말려 용기에 담아 사용했다고 전해진다.

향수 용어

SP 스프레이의 약자로 스프레이식으로 분무해서 사용하게 하는 방식

BT 바틀의 약자로 향수를 찍어 바를 수 있게 병뚜껑이 열리는 방식

옴므(남성): pour Homme = for man

팜므(여성): pour Femme = for women

향수 용량 표기법

향수는 ML과 FL. OZ.로 용량을 표시한다.

- 30ml ➡ 1.0fl.oz
- 40ml ➡ 1.33fl.oz
- 50ml ➡ 1.7fl.oz
- 60ml ➡ 2.0fl.oz
- 75ml ➡ 2.5fl.oz
- 100ml ➡ 3.4fl.oz
- 125ml ➡ 4.2fl.oz

퍼퓸
Perfume

향이 가장 풍부하고 완벽하며 수집용으로 많이 사용된다. 향료의 농도가 15~30%, 향의 지속시간은 6~7시간, 알콜순도는 96도, '액체의 보석'이라 불리워질 정도로 완성도가 높으며 향기와 깊이가 풍부하다. 조향사가 표현하고자 하는 이미지를 가장 순수한 이미지로 완벽하게 만들어 낸 것으로 손꼽히며 예술품에 비유되기도 한다. 단 향이 강할 수 있으므로, 적당량을 점을 찍듯이 찍어 바른다.

오 데 퍼퓸
Eau de Perfume

퍼퓸보다 양이 많으면서 향은 퍼퓸에 가깝기 때문이 실용적이다. 향의 농도는 5~15%, 향기의 지속시간은 5시간 전후, 알콜순도는 85~90도로써 퍼퓸 다음으로 진하다. 메이커에 따라 '퍼퓸 데 투왈렛'으로 분류되기도 하며, 프랑스 향수 메이커들이 내놓은 향수의 대부분을 차지한다. 오 데 퍼퓸은 단순히 향수의 농도를 엷게 한 것이 아니라 가장 조화로운 향을 창조해 낸 것이다. 스프레이식으로 전신에 사용할 수 있고, 외출할 때 사용하면 편리하다.

옅은 향을 띠고 있지만 신선하고 상큼한 감각과 향수의 지속성 두 가지 특성을 갖고 있다. 향료의 농도는 5~10%, 향기의 지속시간은 3~4시간, 알콜의 순도는 80~85도, 'eau'는 불어로 물이라는 뜻이고, 'Toilette'는 화장실이란 뜻으로 '몸가짐을 정돈하기 위한 물'이란 뜻으로 해석할 수 있다. 향이 부드럽고 가벼운 반면 휘발성이 높으므로 향을 오래 지속하고 싶다면 맥박이 있는 여러 곳에 뿌려주어야 한다. 오 데 코롱이 가진 신선한 감각과 지속성을 동시에 가질수 있다. 가벼운 감각으로 간편하게 전신에 뿌릴 수 있어 현재 가장 많이 사용되고 있으며, 남자의 향수로는 가장 진한 편에 속한다.

오 데 코롱
*Eau de
cologne*

향의 농도는 3~5%, 지속시간은 1~2시간, 알콜순도 75~80%, '코롱'은 독일의 지명인 '게룽'의 프랑스식 발음으로써 '오 데 코롱'은 '게룽의 물'을 의미한다. 가볍고 상쾌함을 주므로 향수를 처음 접하는 사람에게 가볍고 부담이 없으며 운동 후 또는 목욕 후 전신에 사용하기 좋다.

샤워 코롱
*Shower
cologne*

2~5%의 낮은 함량의 향료를 함유하고 있어 샤워 후 가볍게 뿌려주는 것만으로 오랜 시간 잔향을 느낄 수 있다. 향수에 익숙지 못한 사람들이 부담없이 사용할 수 있는 제품이다.

향수는 시간의 흐름에 따라 다른 향을 낸다. 처음 맡은 향기만 계속 발산하는 것이 아니고 단계적으로 향기가 변하게 된다. 즉, 향수는 바르는 순간부터 미세한 변화가 일어나기 시작한다. 이는 향수에 섞여 있는 여러 가지 향료의 휘발성이 각각 다르기 때문에 생기는 현상이다. 이때 향수에서 나오는 후각적인 느낌을 '노트Note'라고 한다.

노트는 발향 단계에 따라 시작인 탑노트Top Note, 미들노트Middle Note, 마지막 베이스노트Base Note 등 세 가지로 분류되고 있다.

향수를 시향할 때, 첫 향인 '탑노트'뿐만 아니라 뿌린 후 시간이 흐른 뒤의 향기도 잘 체크해야 한다.

첫 번째 시향을 한 뒤 30분이 지난 시점에서 시향을 다시 한 후(미들노트), 향수를 구매한다. 이렇게 해야 향수 선택 시 실패가 가장 적다.

단계	내용
탑노트 (Top Note)	향수를 뿌린 직후부터 알콜이 날아간 10분 전후 첫 번째 인상의 향이다.
미들노트 (Middle Note)	향수를 뿌린 후 30분~1시간 정도의 안정된 상태의 향이다. 향수의 테마를 이루며 향의 중심을 의미한다.
베이스노트 (Base Note)	2~3시간 후부터 모든 향이 날아가기까지의 향들로 자신의 체취와 어우러져 나타나는 향이다.

계절별 향수

봄 Spring

만발한 봄꽃이 흩날리는 시기이다. 봄에는 플로럴 계통의 달콤한 꽃향기나 상큼한 과일향 등의 향수가 어울린다. 꽃이나 과일향기는 그 사람의 분위기를 좀 더 화사하고 발랄하게 만들어 주는 효과가 있다. 이러한 향은 승무원의 여성스러움과 우아한 연출을 돕는다.

1. 돌체 앤 가바나 라이트블루 2. 안나수이
3. 랑콤 미라클 4. 로리타 렘피카 5.토미걸

여름 Summer

무더운 날씨의 연속인 계절이다. 때문에 상쾌한 느낌을 줄 수 있는 우디 계열의 나무, 풀, 향기와 바다가 연상되는 아쿠아 계열의 향수가 어울린다. 하지만 여름에는 땀을 많이 흘릴 수 있어 자칫하면 향수와 땀냄새가 섞여 좋지 않은 냄새를 풍기게 될 수 있다는 점을 유의해야 한다.

6. 다비도프우먼 7. 아쿠아 디 지오 우먼
8. 캘빈클라인 이터너티 우먼썸머

가을 Autumn

분위기가 차분하며 우아한 멋이 깃
든 가을은 로맨틱하고 그윽한 향기
가 어울리는 계절이다. 너무 가벼운
느낌의 향수보다는 파우더리한 느
낌의 향수가 좋다. 사향 등의 동물성
향료를 원료로 한 무게감 있는 향기
가 어울린다.

> 9. 플라워 바이 겐조 10. 구찌 엔비
> 11. 불가리 옴니아 크리스탈린

겨울 Winter

겨울에는 부드럽고 따뜻한 느낌
의 오리엔탈 계열의 향수가 어울
린다. 또한 그윽하고 포근한 느낌
을 주는 파우더리한 향도 겨울과
잘 어울린다. 아이리스, 쿠마린,
바닐린 등의 향료는 추운 계절에
잘 어울리는 향이다.

> 12. 샤넬 샹스 13. 구찌 악센티
> 14. 레페토 오 데 투왈렛

Tip

향수 선택 노하우

향수를 선택할 땐 여러 조건
이 있겠지만, 우선 날씨나 계
절에 따라 달리해야 한다. 날
씨가 맑고 화창하고 통풍이
잘 될 때는 향이 쉽게 날아가
기 때문에 시원한 마린향과
같은 지속력이 강한 향수를
사용한다. 반대로 비가 오거
나 습기가 많을 때는 베이스
가 무거운 향을 쓰면 자칫 불
쾌감을 줄 수 있으므로 비누
향과 같은 상쾌하고 간단한
향으로 신선한 느낌을 주도
록 한다.

향수 사용법

1 **맥박이 뛰는 곳 또는 움직임이 많은 곳에 향수를 바른다.**

귀 뒤, 손목, 목 뒤, 팔목 아킬레스건, 무릎 뒤 등 몸의 다른 부위보다 온도가 높은 곳, 혈관이 지나가는 곳, 움직임이 많은 곳에 바르면 향이 은은하게 퍼져 향기를 섬세하게 연출할 수 있다. 특히 손목의 맥박 뛰는 부위에 뿌리는 향수는 맥박이 박동할 때마다 향이 은은하게 퍼져 기분 좋은 느낌을 준다.

2 **향수는 겉에서 안쪽으로 뿌려준다.**

손목을 시작으로 몸 쪽으로 이동해 가며 향을 얹어주면, 체온에 의해 옷에 감싸인 몸의 향이 겹쳐져 사람보다 한걸음 뒤에 향이 머물게 된다.

3 **옷감의 안감, 밑단을 은은하게 한다.**

향은 아래에서 위로 퍼지기 때문에 재킷의 안감, 바지 밑단, 스커트 안쪽 밑 같은 움직이는 부위에 발라주면 좋다. 단, 겉옷에 뿌릴 경우 자외선에 의해 변색될 수 있으니 주의가 필요하다.

4 **향수를 뿌리기 전에 오일 또는 바디로션을 사용하면 향이 더 오래간다.**

5 **향수의 농도와 지속도를 알고 사용해야 한다.**

오 데 코롱 같은 경우 처음 사용하는 사람도 부담 없는 정도의 농도이기 때문에 면을 채우듯 전신에 도포하고, 향수들 중 가장 많이 사용되는 향수인 오 데 투왈렛은 선을 긋듯이 길게 뿌려준다. 또한 가장 짙은 퍼퓸은 점을 이루듯 2~3방울 점을 찍듯이 발라준다.

TPO에 따른 향수 사용

실내외에 따라

외출하는 장소와 시간대가 가장 중요하다. 실외에서는 스포티한 스트러스 타입이나 그린 타입을, 실내에서는 낮에는 후로랄, 저녁에는 우아하고 섹시한 오리엔탈 자극이 있는 알데히드 타입이 좋다.

사무실에서는

인구 밀집도를 고려해야 한다. 은행 창구와 같이 일반인과 자주 접하는 경우 플로럴이나 시트러스 타입으로, 퍼퓸보다는 투왈렛이나 코롱이 적당하다.

식사시에는

음식의 향을 음미해야 하기 때문에 식사 전에는 향수를 뿌리지 않는 것이 좋다. 다만, 아침에 뿌린 향수의 잔향이 어느 정도 풍기는 정도라면 괜찮으며 식사 후에 뿌리는 것이 바람직하다.

파티에서는

런치파티에서는 평소에 사용하고 있는 향수로 참석하면 좋다. 저녁파티의 경우 가능한 우아한 향으로 자신을 연출하는 것이 좋다. 후로랄, 우디, 오리엔탈 계열의 향을 자신이 좋아하는 타입으로 뿌리는 것이 좋은데 가능하면 퍼퓸을 사용한다. 낮에 투왈렛을 뿌리고 저녁 파티 직전에 같은 계통의 향수를 덮어 뿌려주는 것도 좋다.

향수 보관법

(1) 온도가 일정하게 유지되는 곳에 보관한다

보통 향수 보관에 가장 적합한 온도는 13~15도 정도이다. 즉, 햇빛이 들지 않고 그늘지고 통풍이 잘 되는 곳에 보관해야 한다는 것을 의미한다. 향수 보관 시 온도가 너무 낮으면 향수의 경정이 분해되어 제대로 된 발향을 하지 못하게 된다. 이와 반대로 온도가 높아지면 향수의 원액이 산화되어 버리기 때문에 일정 온도 유지를 하는 것이 좋다.

(2) 향수 사용 후 뚜껑은 반드시 닫는다

가장 당연하다고 생각되지만 습관을 들여야 하는 부분이다. 향수를 개봉했다면 공기와의 접촉이 적도록 가급적 뚜껑을 잘 닫아야 한다. 또한 한 번 이상 사용한 향수는 진공상태를 벗어나므로 조금씩 증발하게 된다.

(3) 향수는 서랍 등 흔들리는 장소나 먼지가 있는 곳을 피해 보관하여야 한다. 흔들리게 되면 공기 방울을 제품 안에 만들어 놓는 결과를 초래하기 때문에 변질의 우려가 있다. 또한 다른 곳에 옮겨 담을 경우 용기는 플라스틱보다 유리병이 좋다.

향수 사용 시 유의사항

1 여러 가지 향을 섞어서 사용하지 않는다

시향이 목적이라 해도 화장품 가게에서 여러 가지를 몸에 뿌리는 행동은 삼간다.

2 향수를 같은 곳에 여러번, 많은 양을 사용하지 않는다

원료 자체에 색깔이 있어 흰옷에 뿌리면 갈색 반점이 남기 쉽고, 많은 양을 사용할 경우 오히려 역한 느낌을 줄 수 있다. 향수를 뿌린 뒤 문지르는 행동은 향을 섞거나 깨지게 하는 원인이 되므로 문지르지 않는다.

3 화장품의 향취와 향수의 향기가 불협화되지 않도록 선택에 주의해야 한다

4 신체나 의상의 아무 곳에나 향수를 뿌리지 않는다

맥박이 뛰는 부위인 손목이나 귀 뒤쪽 혹은 하반신에 뿌려 자연스럽게 향이 날아가도록 하는 것이 좋으며 옷에 뿌리는 것은 옷에 얼룩이 져 빠지지 않거나 손상될 수 있으며 특히 모피, 가죽, 실크, 흰옷에 뿌리지 않도록 주의해야 한다. 또한 진주나 산호 등과 같은 보석에 뿌리면 광택을 잃을 수 있으므로 조심해야 한다.

5 바디제품과 향수의 향을 통일시킨다

진한 머스크 향의 바디 로션을 바른 뒤에는 아무리 상쾌한 느낌의 향수를 뿌려도 잘 느끼지 못하며, 따뜻한 물로 샤워하고 난 뒤 모공이 열렸을 때 바디 미스트를 발라 제대로 흡수시켜주면 하루종일 은은한 향기가 난다.

6 땀이 나는 부위엔 뿌리지 않는다

향수를 땀이 나는 겨드랑이와 발 등의 부위에 뿌리게 되면 향수와 땀냄새가 섞여서 악취가 나게 된다.

7 가급적 식사 전에는 뿌리지 않는다

식사 시 향수가 너무 진하면 음식의 맛과 향을 떨어뜨리게 되므로 주의한다.

8 향수를 뿌린 부위가 직접 태양광선에 노출되지 않도록 주의한다

향수를 뿌린 신체부위가 자외선에 그대로 노출될 경우 가려움증, 피부염을 일으킬 수 있다. 특히 자외선이 향수의 성분과 결합해 '광독성 피부염'을 일으킬 수 있으니 조심해야 한다.

9 향수의 유통기한을 지킨다

보통 향수를 모두 사용하지 못해 유통기간을 넘기기 일쑤다. 기한을 넘긴 향수는 향이 변질되거나 날아가고 인위적인 알코올냄새만 나기 때문에 과감히 버려야 한다.

데오드란트
(deodorant)

데오드란트란 '탈취제', 즉 냄새를 제거해 주는 제품을 의미한다.

날씨가 더워지는 계절 여름이 오면 데오드란트의 사용이 급격히 늘어난다. 데오드란트는 땀이 나는 것을 막아주고 냄새까지 잡아주므로 여름철의 필수품이다.

특히나 겨드랑이는 다른 부위에 비해 피부가 접힌 상태로 있는 시간이 길기 때문에 습하고, 땀샘이 발달해 있어 땀이 많이 나기 때문에 주로 겨드랑이에 데오드란트를 사용한다.

IMAGE MAKING FOR CABIN CREW

음성
이미지

각 개인이 가진 목소리는 저마다 다르다.

목소리란 사람의 목구멍을 통해서 나오는 소리로, 어떤 의도를 반영하거나 내세우고 있는 의견이나 주장을 펼치는 매개체이다. 목소리는 낮은 음성에서부터 점점 높은 목소리로 이행하면 지성에서 이성으로 변하며, 그 중간에 중성이 있다. 이에 따라 상대방이 느끼는 음성이미지는 다를 수 있다.

사회심리학자 앨버트 메리비언Albert Mehrabian은 "대화 중 드러나는 감정의 38%가 목소리를 통해서 나타난다."고 밝혔다. 목소리는 사람의 인상뿐 아니라 대인관계를 좌우하는 중요한 요소라는 의미이다. 또한 경영의 대가 피터 드러커Peter Ferdinand Drucker는 "인간에게 있어서 가장 중요한 능력은 자기표현이며, 현대의 경영이나 관리는 커뮤니케이션에 의해서 좌우한다."고 하여 음성이미지의 중요성을 강조하였다. 이에 따라 불특정 다수의 다국적 승객을 대해야 하는 승무원에게 있어 음성이미지는 서비스종사원의 필수요건이다.

우리는 항공기에 탑승하여 도착지까지 가는 동안 기내에서 승무원의 음성을 들을 수 있다. 한 공간에 있는 승무원 모두 음성이 같지는 않으나, 저마다 신뢰갈 수 있는 최선의 목소리를 낸다. 타고난 목소리도 중요하지만 어떻게 자신의 목소리를 만들어 내는가에 따라 긍정적으로 바뀔 수 있다. 편안하고 친절한 목소리, 당당하고 자신감 있는 목소리, 밝고 명쾌한 목소리를 내어 상대방에게 호감을 주어야 한다. 자신의 목소리 점검 및 면접관에게 호감과 신뢰를 줄 수 있는 목소리를 만들어보자.

바람직한 목소리

- 당당하고 자신감 있는 목소리
- 미소를 담은 목소리
- 편안하고 친절한 목소리
- 부드러운 목소리
- 볼륨에 변화가 있는 밝은 목소리
- 밝고 명쾌한 목소리

개선해야 할 목소리

- 맥없고 무기력한 목소리
- 차가운 느낌을 주는 퉁명스러운 목소리
- 거칠고 쉰듯한 목소리
- 단조로운 목소리
- 저음으로 너무 낮게 깔리는 어두운 목소리
- 비음콧소리
- 높은 음조로 신경질적인 목소리

Tip

체크해 볼까요?

- 목소리에 자신감이 없고 불만족스럽다.
- 목소리가 힘이 없고 작아서 기어들어간다.
- 목이 쉽게 지치고 아프다.
- 지금의 목소리 톤이 너무 높거나 낮다.
- 허스키한 쇳소리가 나며 말끝이 갈라진다.
- 목소리가 맑지 않고 탁해서 듣기 거북하다.
- 목소리가 딱딱하고 부드럽지 않다.
- 콧소리(코맹맹이 소리)가 귀에 거슬린다.
- 긴장하면 목소리가 떨리거나 말을 더듬게 된다.
- 목소리가 무겁고 웅얼거리는 듯 답답한 느낌이다.
- 발음이 부정확해서 대화 도중 사람들이 "네? 뭐라고요?"를 연발한다.
- 목소리가 생동감이 없고 밋밋하다.
- 말의 속도가 너무 빠르거나 너무 느리다.
- 지방색이 드러나는 사투리를 심하게 사용한다.
- 말투가 어린아이 같거나 혹은 툭툭 던지는 불친절한 느낌이다.

자신이 4개 이상 항목에 체크가 되어 있다면 더욱 음성이미지에 신경 써야 한다.

좋은 목소리를 만드는 훈련

① 자 세

신뢰 가는 목소리를 만들기 위해 자세는 가장 기본이 된다. 이때 목과 머리 위치는 발성기관에 직접 영향을 주므로 너무 위나 아래를 향하지 않게 한다.

1. 가장 먼저 해야 할 것은 몸의 긴장을 푸는 것이다.
2. 발의 위치는 편안한 자세에서 약간 벌린다.
3. 가슴을 편다.
4. 눈의 시선은 약간 높은 곳을 응시한다.
5. 온몸의 기관이 열려있는 느낌을 가진다.
6. 앉아 있을 때는 등받이에 기대지 않고 허리를 곧게 한다.
7. 마음의 여유, 정신적 여유가 필요하다.
8. 시선은 전방 15~20도를 주시한다.

② 성대 운동

목소리를 잘 나오게 하는 마사지 법

1. 손으로 아래턱을 밀어 뒤로 젖혀 준다. 마음 속으로 밀면서 다섯을 세고, 제자리로 돌아오면서 다섯을 센다.

2. 목구멍 주위를 좁게 잡고 위에서부터 아래로 내려온다. 다시 후두 주위를 넓게 잡고 아래로 차례차례 반복한다.

3. 목을 옆으로 돌려서 목 옆을 5회 강하게 눌러준다. 반대편도 같은 방법으로 시행한다.

3 복식호흡

복식호흡이란 숨을 깊게 충분히 들이쉬고 내쉬는 호흡법을 말한다. 보통 흉식호흡의 경우 1분에 1,6~20회 정도, 복식호흡의 경우 5~10회 정도 숨을 쉰다. 복식호흡법으로 깊게 숨을 들이마시면 흉식호흡에 비해 횡경막이 더욱 아래로 내려가게 된다.

그러면 가슴속 공간이 더 넓어지고, 폐는 산소를 가득 머금고 맘껏 부풀어 오를 수 있다. 이때 처음부터 너무 의식적으로 무리하게 되면 오히려 몸이 긴장하기 쉬워지므로 하루에 10분 정도씩 연습 후 차츰 시간을 늘려나가는 것이 좋다.

복식호흡법

1 전신의 힘을 빼고 편안한 자세로 앉는다.
2 양쪽에 깍지 끼고 단전을 누르면서 아랫배가 불룩 나오도록 코로 깊이 들이 마신다. 이때 가능한 한 깊게 숨을 마시면서 배를 최대한 내민다.
3 배에 힘을 주고 잠시 멈춘다(1~5까지 머릿속으로 천천히 세어본다.).
4 숨을 뱉어 배를 완전히 수축시킨다. 입으로 숨을 천천히 내뱉으며 부드럽게 '후' 소리를 내어도 좋다.
5 차츰 횟수를 늘려간다. 이 과정을 수시로 연습하고 습관화 시켜 복식호흡을 익히도록 한다.

4 공명하기

소리가 입 밖으로 나오기 위해서는 성도를 통해 후두의 진동이 공명되는 과정을 거치게 된다. 평소 입을 다문 채 '흠-, 음-' 하고 음을 반복하는 습관을 기르도록 한다. 공명이 충분히 일어날수록 좋은 목소리가 나오게 된다.

5 발성연습과 발음연습

발성연습은 건강하고 아름다운 목소리 연출을 위해 필수적이다. 또한 정확한 발음을 내는 데 도움이 된다. 가슴을 펴고 입을 크게 움직여 뱃속으로부터 나오는 목소리를 내도록 하며, 아래턱과 윗턱을 잘 움직일 수 있도록 한다.^{풍부한 표정연출에도 도움이 된다.}

발성연습을 통해 자신감 있고 설득력 있는 화술을 구사할 수 있도록 한다.

또한 정확한 발음은 현대인에게 필수적인 요소이다. 분명하고 명확한 발음을 위해서 먼저 조음기관인 혀, 아래턱의 움직임이 부드러워져야 한다.

혀 운동
혀를 입 밖으로 길게 내어뺐다가 집어넣는 운동을 거듭하여 혀의 움직임을 부드럽게 한다.

예) 글글글글 껄껄껄껄 놀놀놀놀 달달달달
뜰뜰뜰뜰 롤롤롤롤 물물물물 벌벌벌벌
뿔뿔뿔뿔 술술술술 쌀쌀쌀쌀 을을을을
잴잴잴잴 쩔쩔쩔쩔 찰찰찰찰 털털털털
칼칼칼칼 풀풀풀풀 핼핼핼핼

입술운동
입술을 앞으로 내밀었다가 옆으로 잡아당긴다.

예) 마 먀 머 며 모 묘 무 뮤 므 미 바 뱌 버 벼 보 뵤 부 뷰 브 비

턱 운동
아래턱을 상하 좌우로 움직인다.

예) 카 캬 커 켜 코 쿄 쿠 큐 크 키
타 탸 터 텨 토 툐 투 튜 트 티

씹는 운동
입안에 씹기 좋은 과자나 음식 한 개를 넣고 되도록 입의 운동을 크게 하며 혀를 많이 움직이고 음을 내면서 씹는다.

가 갸 거 겨 고 교 구 규 그 기 게 개 괴 괘 궤 과 궈 귀
나 냐 너 녀 노 뇨 누 뉴 느 니 네 내 뇌 놰 눼 놔 눠 뉘
다 댜 더 뎌 도 됴 두 듀 드 디 데 대 되 돼 뒈 돠 둬 뒤
라 랴 러 려 로 료 루 류 르 리 레 래 뢰 뢔 뤠 롸 뤄 뤼
마 먀 머 며 모 묘 무 뮤 므 미 메 매 뫼 뫠 뭬 뫄 뭐 뮈
바 뱌 버 벼 보 뵤 부 뷰 브 비 베 배 뵈 봬 붸 봐 붜 뷔
사 샤 서 셔 소 쇼 수 슈 스 시 세 새 쇠 쇄 쉐 솨 숴 쉬
아 야 어 여 오 요 우 유 으 이 에 애 외 왜 웨 와 워 위
자 쟈 저 지 조 죠 주 쥬 즈 지 제 재 죄 좨 줴 좌 줘 쥐
차 챠 처 쳐 초 쵸 추 츄 츠 치 체 채 최 쵀 췌 촤 춰 취
카 캬 커 켜 코 쿄 쿠 큐 크 키 케 캐 쾨 쾌 퀘 콰 쿼 퀴
타 탸 터 텨 토 툐 투 튜 트 티 테 태 퇴 퇘 퉤 톼 퉈 튀
파 퍄 퍼 펴 포 표 푸 퓨 프 피 페 패 푀 퐤 풰 퐈 풔 퓌
하 햐 허 혀 호 효 후 휴 흐 히 헤 해 회 홰 훼 화 훠 휘

연습의 포인트

1 발음 전에 입술을 상하 좌우로 움직여 근육을 풀어준다.
2 발음할 때 가능한 한 입을 크게 벌린다.
3 가로로 읽은 다음 세로로 다시한번 읽는다.
4 위의 방법을 역순으로 진행한다.
4 한번은 강하게 한번은 약하게 반복하여 발음한다.
  (강약강약)

짧은 문장을 통한 발음 연습

1. 간장공장 공장장은 강 공장장이고, 된장공장 공장장은 공 공장장이다.
2. 봄 꿀밤 단 꿀밤, 가을 꿀밤 안단 꿀밤
3. 이 콩깍지는 깐 콩깍지이냐 안 깐 콩깍지이냐?
4. 저기 있는 저 분이 박 법학박사이고, 여기 있는 이분이 백 법학박사이다.
5. 한양 양장점 옆 한영 양장점, 한영 양장점 옆 한양 양장점
6. 저기 있는 말뚝이 말 맬 말뚝이냐, 말 못 맬 말뚝이냐?
7. 상표 붙은 저 깡통은 깐 깡통인가, 안 깐 깡통인가?
8. 내가 그린 그림은 새털구름 그린 그림이고, 네가 그린 구름 그림은 뭉게구름 그린 그림이다.
9. 치키 치키 차카 차카 쵸코 쵸코 쵸
10. 멍멍이네 꿀꿀이는 멍멍해도 꿀꿀하고, 꿀꿀이네 멍멍이는 꿀꿀해도 멍멍하네
11. 안촉촉한 초코칩 나라에 살던 안촉촉한 초코칩이 촉촉한 초코칩을 나라의 촉촉한 초코칩을 보고 촉촉한 초코칩이 되고 싶어서 촉촉한 초코칩 나라에 갔는데 촉촉한 초코칩 나라의 문지기가 '넌 촉촉한 초코칩이 아니고 안촉촉한 초코칩이니까 안촉촉한 초코칩 나라에서 살아'라고 해서 안촉촉한 초코칩은 촉촉한 초코칩이 되는 것을 포기하고 안촉촉한 초코칩 나라로 돌아갔습니다.

Tip

발음 기초훈련 같이 따라 해볼까요?

복식호흡	횡격막운동	공명하기	성대 내리기
[들숨보다 날숨을 길게 하는 연습하기] 1. 5초 들이마시기 10초 내뱉기 2. 한꺼번에 들이마셨다가 최대한 천천히 조금씩 내뱉기	1. 일어서서 어깨넓이 발 벌리기 2. 허리(옆구리)에 두 손 올리기 3. 배에 숨 몰아넣기 4. 숨 내쉬면서 배에 힘주기	[입술을 다문채 '음~', '흠~' 공명음 반복하기] 충분히 공명이 일어나면 일어날수록 자신의 가장 편안하고 아름다운 목소리를 찾을 수 있다.	1. 편한 상태에서 '아~' 발음하기 2. 최대한 낮은 음으로 '아~' 발음하기 3. 1, 2번을 반복하기 1초간 자기음 1초간 저음

면접 시 말투

음성이미지는 부드러운 표정과 바른 자세에서 비롯된다. 말하기 전에 정리한 후, 침착하고 간결하게 말한다. 목소리 속도, 억양, 크기, 톤에 따라 사람의 이미지가 달라지기 때문에 가장 주의해야 한다.

1) 속도(Rate)

긴장하여 너무 빠르게 말하면 상대방이 잘 알아듣지 못한다. 너무 천천히 말하면 상대방은 지루하거나 다른 생각을 하게 된다. 상대방에게 정보를 전달 할 때 명확하게 전달할 수 있는 말의 속도는 1분에 300자 정도가 좋다. 하지만 말을 하면서 음절을 셀 수 없으므로 장소, 분위기, 상대방을 고려하여 말하는 것이 적합하다.

2) 억양(Inflection)

말의 높낮이를 이용하여 의미를 구별하는 역할로서, 중요한 말에 강세를 두기도 한다. 면접 시 적절한 억양을 사용하여 답할 수 있도록 연습한다.

3) 크기(Volume)

면접자는 면접관과의 거리나 장소의 크기를 고려하여 면접관이 충분히 들을 수 있도록 성량을 조절해야 한다. 주로 다수대 다수 면접을 보기 때문에 다른 면접자의 성량과 비교될 수 있으며 적당한 긴장감은 유지하되, 퉁명스러움, 속삭이는 듯한 말투, 떨리는 목소리 등은 지양한다.

4) 톤(Tone)

톤의 조절을 통해 감정이나 느낌을 표현한다. 문장의 끝은 톤을 떨어트리거나 소리가 약하게 나도록 마무리한다.

- 예 저의 장점은(↑)~~ 협동심이 강합니다.(↓)
  나열식 문장에서는 톤 올리고, 내리고를 번갈아가면서 활용하여 연출한다.
- 예 저는 새콤한 맛을 내는 과일인 자두(↑) 포도(↓) 키위(↑) 오렌지를(↓) 굉장히 좋아합니다.

Tip

음성 위생법

» 복식호흡의 생활화
» 금연과 금주
» 충분한 수분섭취
» 음성 남용금지(큰소리로 장시간 이야기 및 과격한 운동 중의 발성 삼가)
» 습포(수증기를 입을 통하여 깊이 들이쉬기)

바른 말하기 조건

1 자연스러운 대화

말을 할 때에는 대화하듯이 자연스럽게 이어나가야 함을 기억해야 한다. 자칫 승무원 면접 시 웅변하듯 이야기하지 않도록 명심해야 한다.

어미를 끄는 말투

어미를 끄는 말투는 상대방이 답답함을 느낄 수 있기 때문에 한자씩 글자를 끊어 읽는 연습을 하도록 한다.

예 감/사/합/니/다.

혀 짧은 목소리

승무원 면접 준비 시 자신의 목소리에 'ㅅ, ㄷ'발음이 새지는 않는지 더욱 집중하여 연습하도록 한다.

사투리 목소리

평소 TV나 라디오에서 아나운서들이 진행하는 뉴스시간을 통해 그들이 말하는 모습을 주의깊게 관찰하고 음성과 발음을 들으며 교정한다. 또한 책을 이용하여 또박또박 읽는 연습을 한다. 이때 나무젓가락을 이용하여 입에 물고 한자씩 천천히 읽으면 발음 교정에 효과적이다.

점점 작아지는 목소리

아무리 좋은 내용을 이야기하더라도 목소리가 작으면 상대방은 들리지 않고 지루해질 수밖에 없다. 아침저녁으로 전방 50m까지 자신의 목소리가 들릴 수 있도록 크게 소리 내는 연습을 하도록 한다. 발음표를 참고하여 큰소리를 내어 자신감과 목소리 발성을 더 키우도록 한다.

비음 섞인 목소리

평상시에는 귀엽고 애교스러워 보일 수 있으나, 승무원으로써 근무할 시 업무를 효율적으로 처리할 수 없을지 모른다는 편견을 줄 수 있다. 신문 기사 또는 신문 사설을 읽으며 어미를 '다, 나, 까' 체로 끝날 수 있도록 연습한다. 또한 차분하고 성숙한 음성을 낼 수 있도록 한다.

2 간결한 대화

승무원 면접 대화 시 복잡해지고 늘어지는 대화는 면접관의 마음을 사로잡을 수 없다. 욕심이 앞서 하고 싶은 이야기를 다 하려고 했다가 오히려 점점 말의 중심을 찾아내기 힘들고 면접자의 자질에 대한 의구심이 들 수 있게 된다. 따라서 말을 할 때 내용이 간결하다는 느낌을 주기 위해서는 서론과 결론을 짧게 이야기한다.

3 진실한 대화

말에는 신뢰가 있어야 한다. 면접관에게 좋은 이미지를 연출하기 위하여 거짓증거를 이야기하거나 마음에도 없는 말을 하게 되면 탄로 나기 마련이다. 진실함은 사회에서 자신의 능력을 인정 받는 것만큼이나 중요한 부분이다.

거짓말, 허풍

자신이 진실하다고 믿는 사실만을 이야기 하여야 한다. 확실한 증거가 없는 내용이나 거짓 내용을 말해서는 안 된다.

동문서답

질문에 알맞은 적절한 대답을 하여야 한다. 면접관에게 잘 보이고자 필요이상의 많은 내용을 말하게 되어 처음 질문의도와 벗어난 대답은 옳지 않다. 상대방이 한말을 제대로 이해하고 그것과 관련된 내용을 간결하게 말하는 연습을 한다.

대화의 태도

음성 이미지와 더불어 면접자의 표정과 태도가 매우 중요하다. 자연스러운 표정과 밝은 표정을 연출 할 수 있도록 한다.

4 감정이입의 대화

　　항공기 기내에서 승무원의 대화 중 '하시겠습니까?'라는 말이 자주 나오곤 한다. 이때 책을 읽는 듯한 일률적인 어투로 승객을 대한다면 좋은 이미지로 다가가지 못할 것이다. 결국 발음하는 사람의 목소리를 통해 개인의 음성이미지가 느껴지는 것이다. '말 속에 자기를 투입하라'는 데일 카네기의 말이 있다. 억양이나 속도에 변화를 준다 하더라도 스스로가 자신의 말에 진심과 열성을 담지 않고 건성으로 말한다면 결코 듣는 사람의 마음을 사로잡을 수 없다. 말할 때 내용과 일치되는 감정을 성의 있게 목소리와 표정에 담아야 한다.

승무원 면접 준비 시 유의사항
- 해당 항공사의 최근 소식을 업데이트하여 회사 정보를 숙지한다.
- 면접 전 입사지원서에 기재한 내용을 다시 한 번 숙지한다.
- 면접 당일은 여유있게 도착하며, 회사내외에서 언행에 각별히 주의한다.
- 단정한 용모복장으로 자신있고 품위있게 행동한다.
- 면접장에서 밝고 정중한 태도로 임하며, 입실부터 퇴실까지의 모든 과정이 평가된다는 것을 명심한다.
- 답변 시, 면접관을 자신있고 따뜻하게 바라보며 진정성을 가지고 답변한다.

승무원 면접 시, 중요한 요소 중 하나가 대화 중 나타나는 경어 및 대화어법이다.

우리가 흔히 실수하는 말들을 되짚어보도록 한다.

① "비빔밥 안에는 한국전통 음식인 나물이 들어가세요."

서비스업 종사자들이 고객에게 친절함을 보일 때 과도한 높임말을 하는 경우로 빈번히 일어나는 일 중 하나이다. 이는 어법에 맞지 않고 오히려 듣는 상대방이 아닌 나물을 높이게 되는 말이 된다. 이로 인해 상대방은 기분이 좋지 못할 경우도 생기게 되니 주의하도록 한다.

② "기장님, 수고하세요."

'수고하다'는 일을 하느라고 힘을 들이고 애를 씀, 또는 그런 어려움이라는 의미가 담겨있다. 따라서 아랫사람이 윗사람에게 쓰는 것은 바람직하지 않다. '~하세요.'라는 어미 역시 명령조의 느낌이 있기 때문에 사용을 삼가야 한다.

③ '이러한 저의 장점은 저희 나라에서 크게 도움 될 것이라 생각합니다.'

면접 시 흔히 실수할 수 있는 표현이다. 면접자는 예의를 갖추기 위해 쓰는 표현일 수 있지만 면접관 입장에서는 인상을 찌푸릴 수 있다. '저희 나라'라는 표현은 삼가고 '우리 나라'라는 표현을 써야 한다.

Tip

상대높임법의 표현

상대높임법에는 격식체와 비격식체로 구분할 수 있는데, 화자와 청자가 의례적으로 격식을 갖추고 대화하는 관계에서 쓰는 높임표현이 격식체이고 화자와 청자가 격식을 갖추지 않아도 되는 관계에서 쓰는 표현이 비격식체이다.

● 격식체로는 '~을 하십시오' (아주 높임: 하십시오체)　예: 어서 오십시오
　　　　　 '~을 하오' (예사 높임: 하오체)　'~을 하게' (예사 낮춤: 하게체)　'~을 해라' (아주 낮춤: 해라체)
● 비격식체는 격식체에 비해 정감이 있는 높임법으로 친근감을 표시하고자 할 때 사용하는 표현
　　　　　 '~해요' (두루 높임: 해요체)　예: 어서 와요
　　　　　 '~해' (두루 낮춤: 해체)

효과적인 음성 연출법

목소리 높낮이 조절

화살표 방향대로 높낮이 조절 연습을 한다.

예문 1

출발을 위해 ⬆

좌석벨트를 매주시고 ⬇

등받이와 테이블을 ⬆

제자리로 해주십시오. ⬇

예문 2

손님여러분 ⬆

태국 방콕까지 가는 ⬇

서울항공 123편 잠시 후에 ⬆

출발하겠습니다. ⬇

쉬기 (Pause)

예문 1

아버지가/ 방에 들어가신다.

아버지/ 가방에 들어가신다.

예문 2

여/ 러/ 분/ 의/ 탑/ 승/ 을/ 진/ 심/ 으/ 로/ 환/ 영/ 합/ 니/ 다.

여러분의/ 탑승을/ 진심으로/ 환영합니다.

여러분의 탑승을/ 진심으로 환영합니다.

어느 말에 힘을 주느냐에 따라 말의 미묘한 변화를 찾을 수 있다. 강조할 말을 다른 문장보다 한톤 크게 또는 한 템포 느리게 말하여 변화를 준다.

예문 1

갖고 계신 짐은 앞 좌석 아래나 선반 속에 보관해 주시고, 지정된 자리에 앉아 좌석벨트를 매 주시기 바랍니다. 감사합니다.

내 목소리의
특징
바로 알기

장점

단점

IMAGE MAKING FOR CABIN CREW

승무원
면접 준비

Chapter
12

승무원 면접은 현장에서 고객과 대면을 해야 하는 직업특성에 맞는 인상, 예의바른 말씨, 단정한 용모, 표정 등 승무원으로서의 자질을 갖추었는지를 판단하게 된다. 면접 시 짧은 시간에 가장 효과적으로 자기 자신을 알려야 하기 때문에 자신의 능력을 최대한으로 PR할 수 있는 방법을 익히는 것이 바로 면접 준비가 될 것이다.

면접장

안내자의 안내를 받아 면접장에 들어설 때 머뭇거리거나 주저하지 말고 자신감 있게 당당하게 걷는다. 갑자기 걷는 속도를 줄이는 것은 자칫 소극적으로 보일 수 있기 때문에 같은 속도로 앞 뒤 지원자와 보폭을 맞추어 걷는다. 어깨를 구부정하게 굽히거나 팔의 움직임이 없고 처져있는 상태로 걷는다면 결코 좋은 평가를 받기 힘들다. 그러므로 자신 있고 매력적인 걸음걸이를 위해서는 평소의 연습이 필요하다.

먼저 얼굴은 걸을 때 유연하게 움직일 수 있도록 하되 눈 시선이 아래로 내려가서는 안 된다. 보통 정면이나 5도 정도 위를 바라본다. 팔은 부드럽고 자연스럽게 두 팔을 동시에 움직인다. 이때 다리와 팔이 동시에 같이 올라가는 일이 없도록 자연스럽게 워킹하는 연습을 한다. 그리고 양 다리는 평행이 되도록 5cm 가량의 사이를 두고 자연스럽게 걷도록 한다.

Tip

워킹연습
걷는 연습을 할 때는 하나의 선을 기준으로 둔다. 바닥에 선이 없다면 테이프를 길게 붙여 놓고 그 위에서 연습해 보도록 한다. 처음에는 맨발로 하다가 점점 익숙해지면 구두를 신고 연습한다.

다수 대 다수면접

국내 항공사를 비롯한 모든 항공사에서 이루어지는 형태의 면접이다. 공통질문 또는 한사람씩 개별질문을 통하여 지원자의 승무원으로서의 자질을 파악한다.

그룹 면접

일부 외국항공사에서 실시되는 면접의 형태이다. 지원자를 그룹으로 나누고 각 그룹에게 과제를 주어 각 과제에 대하여 토론을 하도록 하는 방식이다. 이때 논리력, 협조성, 의사소통 능력, 설득력, 상대방 의견 경청 등 여러 관점에서 평가를 하게 된다. 면접관이 직접 토론에 참여하는 형태와 참관만 하는 형태로 분류되는데 보통 참관하는 경우가 더 많다. 면접 토론 시 독단적인 행동보다는 상호 존중하는 모습과 팀워크 향상을 위해 노력하는 모습을 보여주는 것이 유리하다.

설정 면접

주로 외국항공사에서 채택하는 면접 방식이다. 미리 설정된 상황에 따라 면접을 보는 것으로 이를 통해 지원자의 판단력, 행동요령 등을 파악할 수 있다.

예를 들면 티를 마시며 면접관과 자연스럽게 대화를 하는 방식이 있다. 이러한 면접은 시간소요가 많기 때문에 최종면접 또는 지원자의 수가 얼마 남지 않는 상황에서 가능하다.

스트레스 면접

면접 도중 면접관이 지원자에게 어려운 질문을 하거나 집요하게 꼬리질문을 하거나 지원자의 약점을 드러내어 묻는 방법이다. 이때 지원자의 자제력 및 인내심, 판단력, 태도, 표정관리 등을 평가할 수 있다. 실제 기내에서도 승객과 마찰이 있을 수 있기 때문에 침착하고 유연하게 상황을 대응해 나가는 노력이 필요하다.

면접 준비

01
예상 질문 연습

보통 공통질문뿐만 아니라 자신의 자기소개서, 이력서를 토대로 개인질문을 받을 수 있다. 따라서 이력서에서 질문할 수 있는 사항을 100문항 정도로 적어보고, 이를 모의 면접 시 활용하여 답변준비를 한다.

02
모의 면접 준비

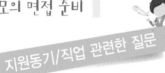

지원동기/직업 관련한 질문

면접에서 가장 기본적으로 묻는 질문이 왜 이 회사에 지원했거나 혹은 승무원이란 직업에 대한 지원자의 가치관일 것이다. 승무원의 화려한 겉모습이 아닌 승무원이라는 직업에 대한 열의와 그에 대한 삶의 가치관이 내포되어야 한다. 자신을 표현할 수 있는 대답인 만큼 자신만의 생각과 구체적이고 신뢰할 수 있는 답변을 만들어 보자.

- 승무원 지원동기 말해보시오.
- 승무원이 되기 위해 무엇을 준비 했습니까?
- 불규칙한 스케줄과 명절, 공휴일모두 근무하는 것에 대해 어떻게 생각합니까?
- 승무원에게 필요한 자질 3가지 말해보시오.
- 비행기를 타본 경험이 있습니까?
- 비행기가 위험하다고 생각되진 않습니까?
- 승무원이라는 직업의 장, 단점은 무엇이라고 생각합니까?
- 본인이 생각하는 승무원의 정의를 말해보시오.
- 어떤 승무원이 되고 싶습니까?
- 다른 지원자보다 본인을 선택해야 하는 이유에 대해 말해보시오.
- 비행은 몇 년간 하고 싶습니까?

승무원 면접 시 가장 기본이 되는 질문으로 이와 관련 소신 있는 답변을 준비해야 한다. 솔직하고 편안한 마음으로 답하되 질문의 도를 생각하며 직업과 관련하여 자신의 경험담을 구체적으로 제시하여 자신의 강점을 드러내도록 한다.

- 자기소개해 보시오(영어와 자신 있는 제2외국어도 같이 준비해 놓는다).
- 자신의 성격의 장단점을 말하시오.
- 평소 체력관리를 어떻게 하고 있습니까?
- 가장 가고 싶은 나라는 어디입니까?
- 가장 좋아하는 음식이 무엇입니까?
- 자신의 별명에 대해 말해보시오.
- 살아오면서 가장 기뻤던 경우, 가장 슬펐던 경우에 대해 말해보시오.
- 아르바이트 경험이 있습니까?
- 10년 뒤 나의 모습에 대해 말해보시오.
- 색, 동물, 사물, 단어, 꽃, 사자성어로 자신을 표현해 보시오.
- 주변 친구, 선생님, 부모님은 나에 대해 어떻게 평가 합니까?
- 면접이 종료되면 제일 먼저 무엇을 하고 싶습니까?
- 면접에 불합격이 된다면 어떻게 하시겠습니까?
- 이름에 관한 에피소드를 이야기해보시오.
- 보통 몇 시쯤 귀가 합니까?
- 자신의 매력은 무엇이라고 생각합니까?
- 화장은 누가 해주었습니까?

가정환경 관련한 질문

면접관은 가족 관련한 질문을 통해 지원자의 성장과정에 대해 알고 싶어 한다. 이에 따라 가치관, 생활환경에 영향을 주기 때문이다. 이에 따라 온화한 가정 분위기 또는 특징을 설명하면 더욱 효과적이다.

- 가족에 대해 소개해보시오.
- 부모님에게 영향을 받는 것은 무엇이라고 생각합니까?
- (외동인 경우) 이기적이라는 소리를 자주 듣습니까?
- 외동딸, 맏딸, 막내의 장단점에 대해 말해보시오.
- 형제와 싸운 적이 있습니까? 어떻게 화해하였습니까?
- 부모님과 따로 지내본 적이 있습니까?
- 집안에 가훈이 있습니까?
- 승무원이 되는 것에 대해 부모님의 반대는 없었습니까?

교우관계

폭 넓은 인간관계를 가지고 있는지를 파악하기 위해 묻는 질문으로 이는 승무원을 지원하는 사람의 자질을 평가하는 축이 되기도 한다. 소수의 친구를 깊게 사귄다고 하는 것보다는 다양한 사람과 폭넓은 인간관계를 가지고 있다는 점이 승무원에 적합하다는 인상을 심어줄 수 있을 것이다. 승무원은 협동심, 친화력, 팀워크를 중요시 여기는 직업이라는 것을 명심하자.

- 가장 친한 친구에 대해 소개해보시오.
- 외국인 친구가 있습니까?
- 최근에 친구와 다툰 적이 있습니까? 어떻게 화해하였습니까?
- 친구들과 만나면 주로 무엇을 합니까?
- 사랑과 우정 중 어떤 것을 택하겠습니까?
- 고민이 있다면 주로 누구에게 이야기 하는편 입니까?
- 대인관계에 있어 가장 중요한 것은 무엇이라 생각합니까?

면접 시 적극적이고 밝은 성격을 드러냄과 동시에 표정 또한 생기 있게 보이도록 해야 한다. 성격이나 성향은 노력해서 하루아침에 바꿀 수는 없는 부분이기 때문에 말과 행동 표정이 모두 언행일치할 수 있도록 한다.

- 자신의 습관이나 버릇이 있습니까?
- 사람들과 함께 있기를 좋아합니까? 혼자 있기를 좋아합니까?
- 긴장할 때 어떻게 긴장을 푸는 편입니까?
- 지금 옆 사람의 첫인상에 대해 말해보시오.
- 자신의 성격 중에서 고치고 싶은 부분에 대해 말해보시오.
- 자신의 성격 3가지를 명사로 표현해 보시오.
- 스트레스를 많이 받습니까? 받으면 어떻게 해소합니까?
- 어떤 문제에 부딪혔을 때 혼자 해결하는 편입니까, 누구와 의논하는 편입니까?
- 어떤 일이 적성에 맞는다고 생각합니까?
- 일을 시작하면 끝까지 완수합니까?

취미, 여가 활용 및 경험

일과 개인의 라이프스타일의 밸런스를 잘 유지하고 있는지를 묻는 질문이다. 일반적으로 개인적인 취미와 여가를 즐기는 라이프스타일을 가지고 있는 사람이 일을 더 잘 수행한다고 생각한다. 이 또한 단순한 답변보다는 자신의 에피소드를 활용하여 풍성하고 재치 있게 답변한다.

- 자신의 취미에 대해 말해보시오.
- 최근에 본 영화, 책에 대하여 말해보시오.
- 수영은 얼마나 할 수 있습니까?
- 어떤 음악 장르를 좋아합니까?
- 주말이나 여가시간에는 주로 무엇을 합니까?
- 자주 즐겨보는 텔레비전 프로그램은 무엇입니까?
- 좋아하는 운동이나 스포츠 장르가 있습니까?
- 여행지 중 가장 기억에 남는 곳은 어디입니까?
- 기내식으로 추천하고 싶은 음식은?
- 외국인 승객에게 추천해 주고 싶은 우리나라 관광명소 또는 음식은 무엇입니까?

외국어 능력관련 질문

국내항공사는 토익점수를 필수로 한다. 그렇기 때문에 토익점수에 대해 질문을 할 수 있으며, 필요하다면 외국어 구사 능력을 면접장에서 보기도 한다. 외국인 탑승자가 많은 글로벌 시대인 만큼 꼭 필요한 요소 중 하나이다.

- 어학연수를 다녀온 적이 있습니까?
- 승무원에게 외국어가 왜 중요하다고 생각합니까?
- 영어로 자기소개해보시오.
- 외국어 공부 어떻게 하고 있습니까?
- 영어 외에 할 수 있는 외국어가 있습니까? 자격증이 있습니까?
- 승무원이 된다면 외국어 공부를 어떻게 더 해 나갈 생각입니까?
- 영어 방송문을 한번 읽어 보시오.

특히 대학 재학 중이거나 갓 졸업한 지원자에게 흔히 물어볼 수 있는 질문이다. 또한 학부 전공이 승무원과 관련 없는 것이라면 지원한 계기에 대해 상세히 물어볼 수 있으니 준비해야 한다. 또한 학교생활을 통해 배우고 경험한 자신만의 답변을 준비하자.

- 본인의 대학교에 대해 소개해보시오.
- 전공소개를 해보시오.
- 졸업 후 무엇을 하며 지냈습니까?
- 가장 좋아했던 과목과 싫어했던 과목에 대해 말해보시오.
- 본인의 전공 선택에 대해서 후회해 본 적이 있습니까?
- 가장 기억에 남는 교수님에 대해 이야기해보시오.
- 대학생활 중 가장 기억에 남은 일을 말해보시오.
- 대학생활 중 가장 후회 되거나 아쉬웠던 점에 대해 이야기해보시오.
- 동아리활동 경험이 있습니까?
- 왜 전공과 관련 없는, 승무원을 지원하였습니까?
- 재학 중에 취득한 자격증이 있습니까?
- 지난 여름(겨울)방학 때는 무엇을 했습니까?
- 집과 학교까지의 통학거리는 얼마나 됩니까?
- 학교 축제에 대해 설명해보시오.

　　서비스전문직이라는 수식어가 어울릴 만큼 승무원은 서비스마인드가 기본이 되어야 한다. 이에 따라 전 직장, 아르바이트, 학교생활을 통해 얻은 경험을 바탕으로 서비스에 대한 견해를 자신 있게 답변하여야 한다.

- 가장 존경하는 인물이 누구입니까?
- 본인의 좌우명 또는 생활신조는 무엇입니까?
- 본인이 생각하는 성공의 기준은 무엇입니까?
- 봉사활동 경험이 있습니까?
- 서비스 정신이란 무엇이라고 생각합니까?
- '손님은 왕이다'라는 말에 동의합니까?
- 본인이 받았던 최고, 최악의 서비스에 대해 말해보시오.
- 미소가 서비스에 있어서 왜 중요합니까?
- 고객이 어려운 부탁을 하면 어떻게 할 것입니까?
- 고객만족이란 무엇이라고 생각합니까?
- 어떤 고객이 상대하기 힘든 고객이라고 생각합니까?

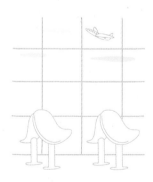

지원자의 책임감, 업무, 협동심, 적응력을 통해 기업의 인재상 또는 올바른 직업관을 갖추고 있는지 알아보려고 한다. 이때 자신을 과장하기보다는 여유를 가지고 경청과 배려하는 모습을 보일 수 있도록 한다.

- 상사가 부당한일을 시킨다면 어떻게 하겠습니까?
- 선배가 규정에 벗어나는 일을 시킨다면 어떻게 하시겠습니까?
- 선약이 되어 있는 날에 갑자기 회사일이 생겼습니다. 어떻게 하시겠습니까?
- 입사동기가 당신보다 먼저 진급했다면 어떻게 하시겠습니까?
- 직장과 학교의 차이점은 무엇이라고 생각합니까?
- 직장은 당신에게 어떤 의미를 준다고 생각합니까?
- 비협조적이고 제멋대로 하는 동료가 있다면 어떻게 하겠습니까?
- 회사업무와 개인업무 중 어느것이 더 중요하다고 생각합니까?
- 팀워크란 무엇이라고 생각합니까?
- 단체생활을 경험해 본적이 있습니까?

이전 사회경력이 있다면 많은 질문과 압박질문이 있을 수 있다. 특히 서비스관련 종사자일 경우 더욱 관심을 가지고 질문할 수 있으니 이에 대한 답변을 철저하게 준비해야 한다.

- 직장에서 당신의 역할은 무엇이었습니까?
- 왜 전 직장을 그만두게 되었습니까?
- 일을 통해 배운 점에 대해 이야기해보시오.
- 직장에서 다른 사람과 어울리며 무엇을 배웠습니까?
- 전 직장에서 가장 힘들었던 부분은 무엇이었습니까?
- 퇴사 후 무엇을 하였습니까?

　　이는 곧 회사의 관심과 항공관련 지식을 어느 정도 알고 있는지를 통해 승무원에 대한 열의와 관심을 가늠할 수 있는 기준이 될 수 있다. 평소 관심을 가지고 항공사 소식에 귀 기울이는 습관을 갖자.

- 비행은 몇 년간 하고 싶습니까?
- 우리 회사 홈페이지나 CF를 본 적이 있습니까?
- 우리 회사에 어울리는 명사, 형용사를 말해보시오.
- 우리 회사 기내서비스와 관련된 것을 모두 이야기해보시오.
- 마일리지 적립제도에 대해서 어떻게 생각합니까?
- 우리 회사의 유니폼, 기내인테리어, 서비스에 대한 당신의 생각은 어떻습니까?
- 취항지로 추천할만한 곳이 있나요?
- 우리 회사가 타 항공사에 비해 강점은 무엇이라고 생각합니까?
- 우리 회사의 취항노선이 몇 개인지 알고 있습니까?
- 우리 회사의 사훈은 무엇인지 알고 있습니까?
- 크리스마스를 겨냥한 새로운 기내서비스에 대한 자신의 의견을 말하시오.
- 항공사 관련 최근 뉴스에 대해 말해보시오.
- 회사에 대한 관심과 열정을 표현해보시오.
- 여권과 비자의 차이점에 대해 설명하시오.
- 비행기가 나는 원리에 대해 설명해보시오.
- 비상 착륙과 비상 착수의 차이점은 무엇입니까?
- 예약, 발권이 무엇인지 알고 있습니까?
- 유가가 항공사에 미치는 영향을 설명해 보시오.
- 기내 특별식이 무엇입니까? 어떤 종류가 있습니까?
- 해외여행 시 반드시 필요한 것은 무엇입니까?

지원자의 관심이 어느 정도로 다양한가를 묻는 척도가 될 수 있다. 주로 사회이슈, 항공사관련, 문화관련 시사를 질문할 수 있으니 방송, 뉴스 등 정보매체에 관심을 두고 자신의 견해를 정리해둘 필요가 있다.

- 오늘 아침에 신문을 읽었습니까? 무슨 내용이었습니까?
- 안전 불감증에 대한 본인의 의견을 이야기하시오.
- 청년 실업에 대한 자신의 의견을 이야기하시오.
- 개인주의, 이기주의에 대한 자신의 생각을 이야기 하시오.
- 고령화 사회를 위해 우리가 준비해야 할 것은 무엇이라 생각합니까?
- 우리나라 등산복 열품에 대해 어떻게 생각합니까?
- 이혼율이 급증하는 것에 대해 어떻게 생각합니까?
- 출산율이 계속 낮아지고 있는데 그에 대한 방책은 무엇이 있을까요?
- 한국사회의 명품 선호에 대해 어떻게 생각합니까?
- 한류문화에 대한 자신의 의견을 말하시오.

면접 시 유의사항
» 면접장 들어가기 전 다시 한 번 얼굴근육을 풀고 들어간다(아에이오우).
» 자신감 있게 걷고 행동하라!
» 면접 보는 동안 경청과 함께 스마일을 잊지 말자!
» 면접관과 계속 눈 맞춤 하라
» 처음과 끝에 정중한 인사를 한다.
» 답변 시 지나친 제스처는 금물이다.
» 무의식적으로 머리나 얼굴을 만지지 않는다.

승무원 면접 진행과정

국내항공사의 경우 대한항공은 3차 면접, 아시아나항공을 비롯한 타 항공사는 모두 2차에 걸쳐 면접을 실시한다. 또한 외국항공사는 항공사별로 상이하다. 지원 하고자 하는 항공사의 지원 요건 및 인재상, 면접방식 등을 파악하는 적극적인 자세가 필요하다.

1 1차 면접

1차 실무면접은 한 조에 8명 정도가 면접장에 들어가게 되며 보통 3명의 면접관들에게 질문을 받게 된다. 자기소개를 비롯한 공통질문 또는 개별질문을 받게 되며 이때 승무원으로서 적합한 용모, 신체조건, 음성이미지를 보기 때문에 좋은 이미지를 심어주는 것이 중요하다.

2 2차 면접

2차 임원면접은 항공사관련 또는 개인역량, 서비스마인드와 관련한 질문은 통해 순발력과 대처능력, 국제적 감각을 갖춘 인재를 선출한다. 개인 신상 또는 이력서 관련하여 꼬리질문이 나올 수 있음을 염두에 두고, 2차 면접과 함께 영어인터뷰, 기내방송문을 낭독하는 항공사도 있으니 준비를 철저히 해야 한다.

3 3차 면접(CEO면접)

보통 2차 면접에서 끝이 나고 신체검사와 체력테스트, 수영, 인성 검사를 실시하지만 대한항공의 경우 최종면접이라 하여 인성부분과 업무적합성을 마지막으로 확인하는 면접을 본다.

인성, 신체, 체력, 수영테스트

합격 후 마지막으로 4가지에 걸쳐 테스트한다. 인성 검사를 통해 지원자의 인성을 파악하고 혈액, 소변, 심전도, 눈 시력, 청력, 엑스레이, 색맹검사 등을 측정하여 건강상태를 알아보고, 키, 체중, 유연성, 악력, 눈감고 외발서기, 윗몸일으키기, 제자리높이뛰기, 자전거 타기, 순발력테스트 등을 이용한 체력테스트, 그리고 비행 시 비상 착수시를 대비하여 승무원의 필수 조건 중 하나인 수영테스트를 한다.

최종 체크리스트

» 가장 기본적인 자기소개, 지원동기에 대한 철저한 준비와 이와 관련 질문한 내용들을 미리 충분히 숙지한다.
» 지원하는 항공사 관련한 정보를 충분히 숙지한다.
» 정확한 면접장소와 시간, 교통편, 소요시간을 알아둔다.
　(교통 체증을 대비하여 가급적 대중교통편을 알아둔다.)
» 최근 뉴스 기사(최근 가장 기억에 남는 뉴스? 등의 간단한 질문을 할 수 있다.)
» 필요한 물건은 전날 챙긴다.
　① 수험표, 신분증
　② 필기도구
　③ 필수 제출 서류
　④ 여분의 스타킹
　⑤ 화장도구, 손거울, 향수, 스프레이
　⑥ 지갑, 핸드폰, 생리용품, 티슈

신입 승무원
채용 절차

1 지원서접수방법

- 대한항공 채용 홈페이지를 통한 인터넷 접수
- 우편, 방문접수 및 E-mail 통한 접수는 안됨.

2 지원자격

- 해외여행에 결격사유가 없고 병역필 또는 면제자
- 교정시력 1.0 이상인 자
- 기 졸업자 또는 2017년 2월 졸업예정자
- TOEIC 550점 또는 TOEIC Speaking LVL 6, OPIc LVL IM이상 취득한 자

3 전형절차

서류전형 → 1차면접 → 2차면접 영어구술 → 3차면접 체력/수영 → 건강진단 → 최종합격

4 제출서류

- 어학성적표 원본

- 최종학교 성적증명서
- 졸업(예정) 또는 재학 증명서
- 기타 자격증 사본

⑤ 기타사항

- 국가 보훈 대상자는 관계법령에 의거하여 우대합니다.
- 영어구술성적 우수자는 전형 시 우대합니다.
- 태권도, 검도, 유도, 합기도 등 무슬 유단자는 전형 시 우대합니다.
- 2년간 인턴으로 근무 후 소정의 심사를 거쳐 정규직으로 전환 가능합니다.
- 일정 및 전형 절차는 당사 사정에 따라 변경될 수 있습니다.
- 원사 접수 마감일에는 지원자 급증으로 인해 접속이 원활하지 않을 수 있으므로 조기에 원서 제출을 하시기 바랍니다.

① 지원자격

- 학력 : 전문학사 이상 학력소지자(기 졸업자 및 2017년 8월 졸업예정자 포함)
- 전공 : 제한없음
- 어학 : 국내 정기 TOEIC 성적을 소지하신 분(필수)+어학성적 우수자 전형 시 우대
- 신체조건 : 기내안전 및 서비스 업무에 적합한 신체조건을 갖춘 분
- 시력 : 교정시력 1.0이상 권장
- 기타 : 학업 성적이 우수하고 해외여행에 결격 사유가 없는 분

    영어구술 성적표는 소지자에 한하여 기재하며 성적 우수자는 전형 시 우대함.

    +외국어 성적의 경우 지원마감일 기준 2년 이내 국내 정기시험 성적만 인정

② 지원방법

● 채용정보 페이지 내 온라인 내 입사지원

③ 전형절차

| 온라인 입사지원 | → | 서류전형 | → | 1차 실무자면접 | → | 2차임원 면접/ 영어구술 | → | 건강검진 체력측정 인성검사 | → | 최종 합격자발표 | → | 입사 |

④ 참고사항

● 1차 실무자 면접은 지원자가 선택한 응시지역 또는 당사가 지정한 지역에서 실시함.

● 2차임원면접시 영어구술테스트 실시하며, 토익스피킹 레벨 5 이상, OPIc IL등 급 이상 성적 제출자는 영어구슬테스트 면제(선택사항)

● 체력증정 항목

배근력, 악력, 윗몸 일으키기, 유연성, 수영(자유형 25m 완영)

⑤ 제출서류

● 국문 입사지원서(온라인작성)

● 기타서류

-어학성적표 원본   -자격증 사본

-최종학교 졸업증명서   -경력증명서

-졸업예정증명서   -취업보호 대상 증명서(해당자)

-기타 입사지원서에 가재한 내용을 증빙 할 수 있는 서류

EASTAR JET

1 지원자격

- 전문학사 이상 기졸업자
- 남성의 경우 군필/면제자
- 나안 시력 0.2 이상, 교정시정 1.0 이상인 자
- 신체 건강하며 비행 근무에 법적으로 하자가 없는 자
- 해외여행에 결격 사유가 없는 자
- TOEIC 550점 이상 또는 이에 준하는 공인 시험의 자격을 취득한 자
  (TOEIC SPEAKING Lv5, OPIC IM2, TEPS 451, TOEFL 63점 이상)

2 우대사항

- 중국어 우수자 : HSK 4급이상, TSC3급 이상, HSK 회화 중급 이상
- 일본어 우수자 : JPT 600점, JLPT 2급
- 기타 개인적 특기 보유자

3 전형절차

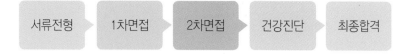

4 기타사항

- 수영테스트와 영어면접은 진행하지 않음.

1 지원자격

- 전문학사 이상 자격 소지자
- 전공 제한 없음
- 학점 제한 없음
- 국내 정기 영어시험 성적을 소지하신 분(필수)
- 영어, 일본어, 중국어 성적 우수자는 전형 시 우대
- 기내 안전 및 서비스 업무에 적합한 신체조건을 갖춘 분
- 병역 남자의 경우 병역을 필하였거나 면제된 분
- 기타 해외여행에 결격사유가 없는 분

2 전형절차

입사지원 → 서류전형 → 1차면접 → 2차면접 → 체력/수영 신체검사 → 최종합격

3 제출서류

- 주민등록등본
- 어학성적표 원본
- 최종학교 졸업증명서(재학증명서)
- 성적 증명서(4.5만 점으로 환산)
- 자격증 사본
- 국가보훈 증명원, 장애인 증명원(해당자)
- 기타 입사지원서에 기재한 내용을 증명할 수 있는 서류

4. 기타사항

- 국가 보훈대상자 및 장애인은 관계법에 의거하여 우대

5. 체력테스트

- 악력, 배근력, 유연성, 지구력

6. 수영테스트

- 자유형 25m 완영 조건

[일반전형]

1. 지원자격

- 전문학사 이상의 학력을 가진 자
- 기졸업자, 2017년 2월 졸업예정자
- 공인어학 성정 TOEIC 550점 또는 TOEIC SPEAKING 5급(110점) 이상
- 중국어 특기자 :   HSK 5급(180점) 또는 HSK 회화 중급 이상
- 일본어 특기자 : JLPT N2 또는 JPT 600점 이상

2. 전형절차

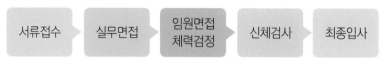

서류접수 → 실무면접 → 임원면접 체력검정 → 신체검사 → 최종입사

[특별전형]

- 딱딱한 서류 지원과 자기소개서에서 탈피하여 지원자들의 숨겨진 끼와 열정을 확인하는 새로운 채용 전형

"인스타그램을 이용하여 영상으로 본인을 소개 서류와 1차 면접을 진행"

① 지원자격

- 전문학사 이상의 학력을 가진 자
- 기졸업자, 2017년 2월 졸업예정자
- 공인어학 성정 TOEIC 550점 또는 TOEIC SPEAKING 5급(110점) 이상

② 전형절차

제주캐스팅 전형 → 임원면접 체력검정 → 신체검사 → 최종입사

① 지원자격

- 경력직 : 객실승무 경력 3년 이상 (비행경험)
- 신입 : TOEIC 600점 이상 성적 소지자
- 제2 외국어 (중국어, 일본어) 우수자 우대
- 전문대졸, 전공무관
- 해당분야 관련자격증 소지자 우대
- 취업보호대상자 및 장애인은 관련법에 의거 우대
- 남자의 경우 병역필, 혹은 면제자
- 해외여행에 결격사유가 없는 자
- 신체검사 기준에 결격사유가 없는 자

② 전형절차

[경력직]

서류전형 → 1차면접 → 2차면접 → 신체검사 → 최종합격

[신입 인턴]

서류전형 → 1차면접 → 2차면접 → 수영TEST 3차 면접 → 신체검사 → 최종합격

에어서울

① 지원자격

- 전문학사이상 학력소지자(기졸업자 및 졸업예정자포함)
- 전공제한없음, 교정시력 1.0 이상 권장(라식 및 라섹 수술의 경우 3개월 이상 경과권장
- 국내 정기 토익성적 소지하신 분 (2년 이내의 국내정기시험 성적만 인정)
- 영어구술성적표(토익스피킹, GST 구술시험, OPIc)소지자에 한하여 기재하며 성적우수자는 전형시 우대

② 전형절차

서류전형 → 1차면접 → 2차면접 → 체력측정 → 최종합격

③ 체력측정테스트

- 배근력, 유연성, 악력, 윗몸일으키기

승무원
이미지메이킹
IMAGE MAKING
FOR CABIN CREW

초판1쇄 발행 2015년 2월 10일
2판1쇄 발행 2017년 2월 25일
2판수정2쇄 발행 2021년 3월 10일

지은이	최승리 · 이지은 · 이정화
펴낸이	임 순 재

펴낸곳	(주)한올출판사
등 록	제11-403호
주 소	서울시 마포구 모래내로 83(성산동, 한올빌딩 3층)
전 화	(02)376-4298(대표)
팩 스	(02)302-8073
홈페이지	www.hanol.co.kr
e-메일	hanol@hanol.co.kr

ISBN 979-11-5685-563-7